PRIX : 2 fr. 50

Mme SOPHIE HÜE

—

LES MATERNELLES

TROISIÈME ÉDITION

Augmentée

—

PARIS
LIBRAIRIE L. HACHETTE ET Cie
Boulevard Saint-Germain, 77

RENNES
CHEZ L'AUTEUR, RUE DE PARIS, 12

—

1868

—

Tous droits réservés.

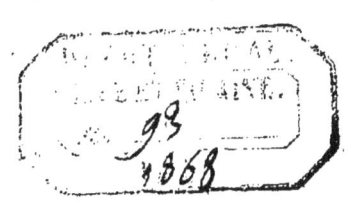

LES

MATERNELLES

Tous les exemplaires qui ne seront pas revêtus de la signature de l'auteur seront réputés contrefaits.

Cet Ouvrage a été approuvé

PAR

Son Em. le Cardinal-Archevêque de Bordeaux,
NN. SS. les Archevêques de Rennes et d'Avignon,
les Evêques de Nantes, de Saint-Brieuc,
de Vannes, du Puy, d'Aire,
de Tarentaise et d'Hébron.

Typ. Oberthur et Fils, Rennes. — Mon à Paris, rue des Blancs-Manteaux, 35.

Mme SOPHIE HÜE

LES
MATERNELLES

TROISIÈME ÉDITION
Augmentée

PARIS
LIBRAIRIE L. HACHETTE ET Cie
Boulevard Saint-Germain, 77

RENNES
CHEZ L'AUTEUR, RUE DE PARIS, 12

1868

Tous droits réservés.

A MON PETIT-FILS

MAURICE BERNÈDE

Lorsque ces vers à peine éclos
Répétés bien des fois pour que tu les retiennes,
Commentés par tes fins propos,
Passent de mes lèvres aux tiennes,
Comme ils me semblent sans défauts !

Ta voix les dit, mon cœur les chante :
En t'écoutant, doux conteur aux yeux bleus,
Baisant ton front, caressant tes cheveux,
Essuyant sur ta joue une larme touchante,
De mes écrits moi-même je m'enchante.

Mais pour trouver charmants ces récits faits pour toi,
Qu'hélas ! d'autres que nous vont lire,
Ne faut-il pas — trop tard j'y songe avec effroi —
Te les entendre dire
Et t'aimer comme moi ?

PREMIÈRE PARTIE

ENFANCE

LES MATERNELLES

PREMIÈRE PARTIE

ENFANCE

I

PORTRAIT DE MAURICE

Grand'mère m'a fait mon portrait
Et fort ressemblant, trait pour trait :
Cheveux blonds, yeux bleus, lèvres roses
Qui ne se tiennent jamais closes ;
Petit pied leste allant partout ;
Petite main touchant à tout
Qui de grand'mère est le supplice,
Voilà le portrait de Maurice.

J'oubliais ; elle dit encor :
Tête mutine avec cœur d'or.
Oh, j'en conviens, mutine tête,
Quoiqu'un baiser vite m'arrête ;
Cœur d'or, je ne sais trop pourquoi,
Mais grand'mère en sait plus que moi ;
La tendresse avec la malice,
Voilà le portrait de Maurice.

II

LE PETIT BOITEUX

LÉGENDE

Ma grand'mère m'a, l'autre jour,
Conté sur ses genoux une si belle histoire
    Que j'en ai gardé la mémoire :
    Je vais vous la dire à mon tour.

Il était une fois, dans le fond d'un village,
Un enfant très-gentil, à peu près de mon âge,
    Mais si contrefait, si boiteux,
  Qu'il ne marchait qu'à l'aide de béquilles.
Il ne pouvait courir, sauter, jouer aux quilles,
    Voyez combien il était malheureux !
    Un jour qu'il regardait tout triste
Avec de beaux sous neufs les autres s'amuser,
    Auprès d'eux vient se reposer

Un pauvre voyageur demandant qu'on l'assiste.
Il était très-lassé, très-vieux ; il avait faim,
    Ses pieds saignaient sur le chemin,
    Il vous eût fait pitié sans doute ;
    Mais pas un gamin ne l'écoute :
    Ils avaient tous un mauvais cœur
    Et se moquent du voyageur.
Seul, le petit boiteux prend son pain dans sa poche,
    Du vieillard doucement s'approche,
    Et le lui glisse dans la main.
    Alors il arriva soudain
    — C'est ici que l'histoire est belle ! —
    Qu'on vit le pauvre qui chancelle
    Laisser retomber ses haillons,
    Et se redressant sur la pierre
    Paraître entouré de rayons ;
    Sa main jetait de la lumière.
    Au petit mignon tout confus
Il dit en le touchant : « Tu ne boiteras plus ! »
Et l'enfant fut guéri par la main qui rayonne :
C'était au bon Jésus qu'il avait fait l'aumône !

    Pour moi ce que je voudrais bien
Ce serait qu'on m'apprît où cet enfant demeure :
    J'irais l'embrasser tout à l'heure ;
    Mais ma grand'mère n'en sait rien.

III

RETOUR D'AVRIL

La pelouse devient verte,
La cheminée est déserte,
De gais rayons réchauffants
Dorent la fenêtre ouverte ;
Dieu songe aux petits enfants.

Ils étaient là tout moroses,
Tout transis au coin du feu ;
Voici les nids et les roses,
Les pâquerettes écloses,
Le soleil, l'horizon bleu.

Toute la bande s'envole.....
Que de jeux, de gaîté folle,
Sur les tapis éclatants
Que Dieu déploie au printemps
Sous le petit pied qui vole !

Des cieux les anges bénis
Sont jaloux, je vous le dis,
De ces anges de la terre :
Ils ont presque un paradis,
Et Dieu leur donne une mère.

IV

LE GATEAU DE MARCEL

Vite, petite mère,
Du gâteau, du gâteau !
Criait Marcel, grimpant le perron du château.
— Mon petit roi, qu'en veux-tu faire?
Je t'en vois dans la main encor un grand morceau.
— C'est qu'un vieux pauvre est à la porte
Tout accablé par la chaleur;
Qu'il a grand faim, qu'il faut que je lui porte
Du gâteau pour avoir bon cœur.
Tu m'aimeras bien mieux après, petite mère,
Lorsque j'aurai soulagé la misère;
Tu le disais hier. Vite, je suis pressé :
Si tu savais comme il a l'air lassé !.....
La mère de Marcel reprit avec tendresse,
En caressant les cheveux fins et doux
Du bel enfant monté sur ses genoux :

« Ce vieux pauvre aussi m'intéresse ;
Lui donner du gâteau, mon cher amour, c'est bien,
Mais pour avoir bon cœur il faut donner du tien. »

V

AUPRÈS DU BERCEAU

Avant que Dieu ne m'eût donné
A la tendresse de ma mère,
Dans le ciel, avant d'être né,
Des beaux anges j'étais le frère.

C'est ma mère qui me l'a dit,
Un soir, tout bas, lorsque l'on cause
Et qu'elle s'assied sur mon lit.
Je sais encore une autre chose :

Au paradis, à mon départ,
Dieu ne m'a pas repris mes ailes
Pour qu'il pût, loin des cieux, par elles,
Me reconnaître ici plus tard.

Il me sourit et me protége
Comme il me protégeait jadis,

Tant que j'ai ces ailes de neige
Qui me restent du paradis.

On ne les voit pas ; peu m'importe !
On n'a pas besoin de les voir :
Il me suffit que je les porte
Et je suis fier de les avoir.

Je ne voudrais rien en échange ;
Pour le bon Dieu — sachez cela ! —
Grâce à ce signe que j'ai là,
Je suis toujours un petit ange.

Je pourrais le perdre, pourtant,
Mon blanc plumage de colombe :
Chaque fois que je suis méchant,
A l'instant une plume tombe.

Je la sens passer sur mon front,
La rougeur couvre mon visage ;
Voilà pourquoi je deviens bon
Chaque jour un peu davantage.

Les sanglots seraient superflus....
Malgré ma mère désolée,
La dernière plume envolée
Dieu ne me reconnaîtrait plus.

VI

LA VEILLE DE NOËL

Julien, tout palpitant de joie,
Songeait, la veille de Noël,
Au beau présent venu du ciel
Qu'aux enfants comme lui l'Enfant divin envoie.
Si ce pouvait être un pantin
En veste et manteau de satin ;
Un sabre enfermé dans sa gaîne,
Un sabre avec un ceinturon,
Il serait comme un capitaine !
Quel bonheur ! quel orgueil ! Et pourtant un clairon
De cuivre étincelant d'où sort une musique
Le charmerait plus encor, je le crois,
A moins que ce ne fût un grand cheval de bois,
Qui s'élance poussé par un ressort magique.
Du marchand de joujoux
Il voudrait la boutique,

L'un après l'autre il les choisirait tous ;
Pas de livres pourtant : il ne savait pas lire !
Un homme de six ans ! Est-ce assez triste à dire ?
    C'est que Julien était un paresseux
      Qui se mettait à pleurer quand sa mère
        Voulait l'enlever à ses jeux.
N'importe ! il s'en alla se coucher bien heureux,
      A tout cela ne pensant guère,
    Si pressé d'être au lendemain matin
      Qu'il n'en put dormir, le lutin.
L'aube à peine paraît qu'il se lève en chemise
      Et court à son petit soulier.
      Il n'eut pas besoin d'y fouiller
      Pour apercevoir la surprise
      Que l'Enfant-Jésus, dans la nuit,
    Etait venu lui préparer sans bruit.
Un voile la cachait à tout regard profane.
Frémissant de plaisir, il avance la main ;
    L'objet semblait très-grand : c'est le pantin ?
      Non pas... c'était un bonnet d'âne.

    Quand Noël revint, l'an d'après,
    Apporter ce que l'on désire
    Au gentil soulier mis exprès,
    Le petit Julien savait lire.

VII

PETITE MÈRE, C'EST TOI

La nuit, lorsque je sommeille,
Qui vient se pencher vers moi?
Qui sourit quand je m'éveille?
Petite mère, c'est toi.

Qui, pour que je sois bien sage,
Doucement prie avec moi?
Qui d'un ange a le visage?
Petite mère, c'est toi.

Qui gronde d'une voix tendre,
Si tendre que l'on me voit
Repentant rien qu'à l'entendre?
Petite mère, c'est toi.

Qui pour tous est douce et bonne?
Au pauvre ayant faim et froid

Qui m'apprend comment on donne?
Petite mère, c'est toi.

Qui, me montrant comme on aime,
Sans cesse pensant à moi,
Me chérit plus qu'elle-même?
Petite mère, c'est toi.

Quand te viendra la vieillesse,
A mon tour veillant sur toi,
Qui te rendra ta tendresse?
Petite mère, c'est moi.

VIII

UN JOUR DE PLUIE

Jean n'aime pas les jours de pluie,
Il ne sait pas s'amuser seul.
Lorsque en bande l'on peut jouer sous le tilleul,
Il ne dit jamais : Je m'ennuie !
Certain jeudi du mois de juin
Qu'il pleuvait depuis le matin,
Jean, dépité, s'en va trouver son frère
Un peu moins grand que lui, qui lisait au salon :
« Comme le temps me paraît long !
Viens causer avec moi, du moins, pour nous distraire ;
Tu dois t'ennuyer là, tout seul, horriblement ! »
— Je m'amuse si bien que je ne veux te suivre,
Répondit le petit Armand ;
Moi, je lis un conte charmant :
On n'est jamais tout seul avec un livre.

IX

CAUSERIE

Petit père, à la promenade,
Lorsque si bien tu m'amusais
Ainsi qu'un gentil camarade,
Sais-tu ce que moi je pensais?
— Et que pensais-tu, tête blonde,
Dans ta sagesse? allons, dis-moi :
— Qu'il n'est personne dans le monde,
Père, que j'aime autant que toi.
Es-tu content?
              — Non, ma mignonne,
Pas tout à fait. Cela t'étonne?
Il est quelqu'un qu'il faut aimer
Plus que moi. Tu vas le nommer
Ce quelqu'un là, vite, il me semble :
Souvent nous en parlons ensemble.
— Je n'ai pas du tout deviné.

— Mon enfant, reprit la voix chère,
Il faut aimer plus que ton père
Dieu si bon qui te l'a donné.

X

LE DESSERT DE THÉRÈSE

« Que je voudrais, disait en soupirant Thérèse,
      Manger du dessert à mon aise,
Prendre, goûter, choisir, sans honte, sans effroi,
Comme si j'étais grande, et maîtresse, et chez moi !
Oh que je le voudrais !.. » Sa mère était très-bonne,
Elle avait entendu la petite personne
Et lui dit : « Je consens à te faire plaisir ;
Tu peux dès aujourd'hui contenter ton désir,
Promets-moi seulement d'être un peu raisonnable. »
      Promettre n'est pas malaisé :
          Voilà Thérèse à table
          Et le dessert posé,
Un beau dessert ! La main de la fillette
Allait comme un oiseau, remplissait son assiette,

                Voltigeait au-dessus des plats ;
Sa mère qui causait ne l'apercevait pas.
Tout fut au mieux pendant encore une heure.
            Thérèse jouait au salon
            Bruyamment avec un ballon,
    Quand on la voit qui pâlit et qui pleure
Et cesse de jouer. Quel est ce mal soudain ?
Elle est pâle et puis rouge. Un étrange malaise
La contraint de rester tranquille sur sa chaise
Et d'appuyer son front sur sa petite main.
            On ne sait pas ce qu'a Thérèse ;
    Bien vite on court chercher le médecin.
Ce qu'elle a, je le sais, j'en ai honte pour elle :
Elle souffre à présent d'une façon cruelle,
Dit qu'elle va mourir et se tord les deux bras,
            Mais, voyez ! on ne la plaint pas,
Et le nom de son mal est ridicule à dire.
Le médecin s'efforce en vain de ne pas rire
            Et finit par pouffer tout haut :
            Les confitures les plus fines,
            Les oranges et les pralines
Ont un vilain côté quand on en mange trop.
Thérèse le savait maintenant et de reste.
    Il ne fut pas besoin de la punir,
            Toujours de cet instant funeste
            Elle garda le souvenir.

Quand elle eut une fille, à son tour, étant grande,
Pour l'empêcher d'être gourmande,
Elle lui racontait ce qu'elle avait souffert
Et l'histoire de son dessert.

XI

SANS L'AVOIR VU

Tu dis que Dieu, mère, est partout;
Moi, je ne le vois pas du tout,
J'ai beau chercher ! Je perds courage,
Tu t'es de moi moquée un peu.

— Découvre-le dans son ouvrage !
Ce vert gazon, ce beau soleil de feu
Qui les a faits, si ce n'est Dieu ?
Dans ton jardin un peu sauvage
Quand le désordre est effacé,
Quand le sable est bien ratissé,
Qu'on t'a planté dans l'été, dans l'automne,
Les fleurs que chaque saison donne,
Ne vois-tu pas *sans l'avoir vu*
Que le jardinier est venu?

XII

LA LEÇON DE LA FLEUR

« Prends garde ! Eloigne-toi de cette fleur que j'aime ;
Si tu me l'effeuillais j'en aurais du chagrin,
  Et puis, mon cher petit Paulin,
   Tu pourrais te piquer toi-même. »
Ainsi parlait de loin la mère avec douceur ;
  Elle brodait sous la charmille,
Mais laissait bien souvent s'arrêter son aiguille
Pour surveiller l'enfant du regard et du cœur.
Paulin disait tout bas : « La chose est-elle vraie ?
   Une fleur me piquer : c'est fort !
   Si c'était une abeille, encor !
Je ne suis pas un marmot qu'on effraie,
   Et je vais essayer d'abord. »
   Or, la fraîche fleur purpurine
Se balançait au bout d'un rameau d'églantier ;
  Ce qu'il advint on le devine :

En s'élançant pour le faire plier
L'enfant déchire son visage
Aux longs piquants voilés sous le feuillage...
Il ne jeta pas un seul cri
Par orgueil, espérant cacher son aventure ;
Mais comment cacher sa figure
Où l'églantier avait écrit :
« Qu'il s'agisse ou non d'églantine
La désobéissance a toujours une épine !

XIII

L'AIEULE

Oh! ne la laissez pas seule
  L'aïeule;
Petits enfants, ses amours;
Appuyez à tour de rôle
Vos têtes sur son épaule
  Toujours.

Baisez sa main amaigrie,
  Chérie
De vous et des malheureux :
C'est la main qui pour vous donne
Les beaux jouets, et l'aumône
  Pour eux.

Enroulez avec tendresse
  Sans cesse
Vos petits bras à son cou;

Demandez-lui quelque histoire :
Elle en a dans sa mémoire
        Beaucoup.

Tenez vos yeux sur sa bouche,
        Qui touche
Et charme aussi tour à tour;
Voyez comme elle vous aime!
Et ne l'affligez pas même
        Un jour.

Souvent elle est languissante,
        Souffrante
Du corps... et du cœur, hélas!
Souvent de sa lèvre pâle
Un gémissement s'exhale
        Tout bas;

Pendant que le mal la brise,
        Assise
Dans son fauteuil de douleur,
Plus triste, elle se rappelle
Que tout ne fut pas pour elle
        Bonheur.

En vous Dieu vers elle envoie
        La joie!

Petits messagers de Dieu,
Riez de votre doux rire
Pour qu'elle puisse sourire
Un peu.

Sa voix pleine de caresse
Vous presse
D'être bons, petits enfants !
Ecoutez cette voix tendre ;
Vous n'avez pas à l'entendre
Longtemps.

XIV

LE PETIT POMPIER

Je suis pompier! quelle fête!
J'ai l'uniforme complet
Et le casque sur la tête,
Un vrai casque, s'il vous plaît!

Il est en or, je présume,
Tant il est éblouissant.
Que ma toque avec sa plume
Me semble laide à présent!

Je ne veux plus qu'on m'habille
— Non, non, je suis bien trop fier —
Avec les jupes de fille
Que j'avais encore hier.

« Mignon, m'a dit sur la place
Le colonel des Pompiers,

Désormais tu prendras place
Entre mes deux officiers ;

Dans les grands jours de revue
Ensemble nous marcherons ;
Tu passeras dans la rue
Avec tambours et clairons. »

Je suis pompier ! quelle gloire !
Pour moi battra le rappel ;
Si l'on ne veut pas me croire,
Qu'on demande au colonel.

Je suis pompier ! Sans rien craindre
Oh ! je voudrais tout de bon,
Afin de pouvoir l'éteindre,
Voir le feu dans la maison.

XV

LETTRE DE L'ENFANT JÉSUS.

A MAURICE

« Quand tinte Noël à coups triomphants,
» Du ciel où j'habite auprès de mon Père,
» Une fois par an, je viens sur la terre
» Pour faire plaisir aux petits enfants.

» J'entre, l'on m'attend : ce jour est leur fête ;
» Et leur souriant sans les éveiller,
» Je laisse un baiser à la blonde tête
» Avec mon présent au fond du soulier.

» La maison, de joie à l'aube est remplie,
» Mais plus d'un pourtant doit chercher en vain :
» J'oublie à mon tour l'enfant qui m'oublie,
» C'est la volonté du Maître divin.

» Que de dons charmants ainsi je remporte !
» Toi plus d'une fois m'ayant oublié,
» Comme je passais sans ouvrir ta porte,
» Une pauvre femme au regard mouillé

» M'a dit : O Jésus, donnez-moi sa grâce !
» L'enfant qui dort là, d'espoir agité,
» — Qu'il ne tombe pas dans votre disgrâce ! —
» Aux miens, hier encor, fit la charité.

» J'ai vu dans leurs mains ta blanche piécette ;
» Tous avaient du pain par ton cœur donné
» Et je t'ai béni, je t'ai pardonné
» Et je suis entré te payer leur dette. »

XVI

AU BORD DE LA GRÈVE

Mère, dans le flot mouvant
Qui vient jouer sur la plage
Je vois passer mon image ;
C'est comme un miroir vivant.

Ta grande glace à dorure
Avec son cadre émaillé,
Dont j'étais émerveillé,
Me plaît bien moins, je t'assure.

C'est dommage seulement
Que la mer ait de l'écume,
Et que le vent et la brume
Gâtent ce miroir charmant.

Le flot tout noir de colère
Désobéit au bon Dieu,

Qui l'a fait pour être bleu,
N'est-ce pas, petite mère ?

— Je le pense ; mais, dis-moi,
Obéis-tu davantage
Quand de méchants pleurs de rage,
Qui me fâchent contre toi,

Couvrent ton petit visage ?
En même temps le bon Dieu
Fit le flot pour être bleu,
Et l'enfant pour être sage.

XVII

JEAN ET SIMON

Simon, beau garçonnet, d'un méchant caractère,
Se faisait détester, tandis que Jean, son frère,
      Se montrait si bon et si doux
      Qu'il était adoré de tous.
Les gens, le chien, le chat s'enfuyaient au plus vite
      Dès que Simon les touchait en passant ;
Il ne savait que mordre et pincer jusqu'au sang
      Et se mettait à rire ensuite.
Le chien était surtout sa victime de choix ;
Aussi se cachait-il au seul bruit de la voix,
      Toujours menaçante ou traîtresse,
      De son sournois petit bourreau,
Alors qu'il suivait Jean comme eût fait un agneau.
      Jean n'avait pour lui que caresse,
Lui donnait de son pain, même de son gâteau.
Un matin de printemps qu'au bord d'une rivière

Les deux enfants jouaient, Simon, voulant passer
  Derrière Jean afin de le pousser,
Trébuche, va donner du front contre une pierre,
  Dans l'eau tombe avec un grand bruit,
  Entraînant son frère avec lui.
  Le chien qui se tenait tout proche,
  Aussi brave qu'intelligent,
  S'élance du haut d'une roche,
 Gagne l'endroit où disparaissait Jean,
Le saisit aux cheveux, le ramène à la nage,
Puis se met à lécher le visage blémi,
  De son pauvre petit ami
  Evanoui sur le rivage.
Simon se débattant, tout éperdu d'effroi,
S'épuisait à crier : Azor, Azor, à moi !
  Mais Azor, selon sa coutume,
  Au lieu d'accourir sur-le-champ,
  S'enfuit à la voix du méchant
Et le laissa sous le flot blanc d'écume,
Qui le couvrait déjà comme un linceul.
  Jean au logis retourna seul,
  Simon périt dans la rivière.
  Nul ne le pleura que sa mère.

  Voilà comme on se trouve bien
  D'être bon, même pour un chien.

XVIII

LE PAPILLON

Oh! le maudit papillon,
Qui de sillon en sillon
Fait courir petite mère
En nage sur le coteau,
Lorsque son aile légère
Devrait la chercher plutôt!

Sans fleurs ni tapis de mousse,
Petite mère est si douce
Qu'il serait heureux chez nous.
Elle baiserait son aile,
J'en serais presque jaloux...
Pourtant il s'enfuit loin d'elle.

Là-bas dans les noisetiers,
Sous le buisson d'églantiers,

Je m'en vais aller l'attendre ;
Je lui parlerai tout bas :
S'il ne s'est pas laissé prendre
C'est qu'il ne la connaît pas.

XIX

LE BAL D'ENFANTS

« Laissez-moi donc ! disait Léon d'un ton hautain,
    En repoussant avec dédain
Un autre enfant, à l'air triste et malade,
    Qui, passant par la promenade,
  Etait venu le prendre par la main.
Le pauvre amour était pourtant beau comme un ange.
    D'où provient cet accueil étrange ?
   C'est que Léon pour ses petits amis
    Ne veut avoir que des enfants bien mis,
Et qu'un gros manteau brun couvrait l'enfant débile.
A quelque temps de là grand'rumeur dans la ville,
    Tous les marmots sont en émoi :
    On donnait un bal chez le roi,
Un bal d'enfants. Léon s'agite, se consume,
    Ne fait que rêver nuit et jour
  A son pourpoint, à sa toque, à sa plume,

Il veut qu'on l'admire à la cour.
Le grand jour arrivé, dans la salle du trône,
La Reine ayant en tête sa couronne
Se tenait, souriant aux petits invités
Du jeune Prince assis à ses côtés.
Léon, plus rayonnant qu'un paon faisant la roue,
A son tour amené par la dame d'honneur,
A la Reine tendait la joue,
Quand il s'arrêta court, tout couvert de rougeur ;
Car il avait cru reconnaître
Dans le royal enfant, de drap d'or habillé,
L'enfant qu'il avait rudoyé
Et qui s'en souvenait peut-être.
Le petit Prince, ayant le cœur très-bon,
Les bras tendus s'avançait vers Léon,
Mais la Reine, — offensée encor moins que la mère, —
Lui dit, et d'une voix sévère :
« Vous ne vous trompez pas ; c'est bien
L'enfant malade, à la grosse pelisse ;
Sortez ! Et ce n'est que justice :
Votre habit de ce soir est moins beau que le sien. »
Un laquais l'emmena. La fête fut magique.
Tous les marmots, après un goûter fin,
Reçurent de la Reine un joujou magnifique.
Léon tomba malade de chagrin,
De chagrin, de honte et d'envie ;

Mais il n'était au fond changé,
Ni corrigé,
Et resta vaniteux pendant toute sa vie,
L'esprit sot et le cœur gâté.
Eh ! mon Dieu, je vous le demande,
Si la fièvre l'eût emporté,
La perte aurait-elle été grande ?

XX

LE NID VIDE

Mère, parmi les roseaux
J'ai découvert un nid vide ;
Et moi que rien n'intimide,
M'accrochant aux arbrisseaux,
Je l'ai saisi sur les eaux.

Il est fait de brins de paille,
Mais si menus, si serrés
Et si bien enchevêtrés,
Qu'il n'est panier qui le vaille :
C'est vraiment une trouvaille.

Se peut-il qu'un oiselet
Ait tant d'esprit et d'adresse ?
Regarde la fine tresse,
Le charmant logis complet
Avec un lit de duvet !

Qui donc à l'oiseau docile
Montre à faire tout cela?
Ce petit ouvrier-là,
Sans outil qu'un bec agile,
Sais-tu bien, est très-habile.

A l'enfant au grand œil bleu
La mère dit : « Cherche un peu! »
— Je cherche en vain, c'est étrange !
— Le petit oiseau, mon ange,
Est l'apprenti du bon Dieu.

XXI

LES PLEURS DE JULIETTE

    L'enfant qui pleure, le cœur gros,
    S'enlaidit beaucoup d'ordinaire ;
    Les yeux rouges ne sont pas beaux :
    Pleurs de dépit, pleurs de colère,
    C'est bien à qui s'en moquera.
Pourtant un jour Juliette pleura,
      Cachant sa tête sous sa mante,
      Et n'en parut que plus charmante
    A quelqu'un qui s'y connaît bien :
    C'était son Ange gardien.
Lui-même il eût voulu consoler la fillette.
    Pourquoi donc pleurait Juliette,
    Qui courait si gaîment encor
L'instant d'auparavant parmi l'herbe aux fleurs d'or,
En cueillant un bouquet pour sa chère poupée ?
Etait-ce de lui voir une jambe coupée

Et la tête de moins, ô désastre complet!
   C'est qu'on allait punir son frère,
   Auteur de cet affreux méfait;
Et que la douce enfant, en embrassant sa mère,
Et priant de son mieux pour le jeune démon
    Qu'elle aurait dû maudire,
N'avait pu du méchant obtenir le pardon!

   C'est joli de sourire,
    Mais c'est beau d'être bon.

XXII

LE CORNET DE PAPIER GRIS

Ivon aurait été charmant
Sans deux défauts qui désolaient sa mère.
Il était menteur et gourmand,
Et, pour le corriger, on ne savait que faire.
On l'avait puni bien des fois,
Enfermé dans la cave au bois,
Mis au pain sec comme un enfant rebelle;
Il jurait de se repentir,
De ne toucher à rien, de ne jamais mentir,
Et recommençait de plus belle.
Il arriva qu'étant contrainte de sortir
Un matin, pour affaire urgente,
Il fallut à sa mère, inquiète et tremblante,
Le laisser seul à la maison;
Non pourtant sans avoir emporté la promesse
Qu'il serait sage et bon garçon.

C'était bien le projet d'Ivon,
Car il aimait sa mère avec tendresse.
Il s'amusait gaiement, dans un coin du salon,
Avec ses beaux petits militaires de plomb,
Quand, par malheur, lui revint en mémoire
Certain cornet de papier gris
Qu'il avait vu cacher dans le haut d'une armoire,
Sans doute de peur des souris.
Il lui faut ce cornet. Pas de clé; mais n'importe !
Il la cherche, il la trouve et porte
Sur une chaise un tabouret
Pour se hisser jusqu'au cornet ;
Il touche enfin à l'étagère,
Le saisit, l'œil étincelant,
L'ouvre.... C'était du sucre blanc !
S'il en resta ce ne fut guère.
Mais à peine est-il descendu
Qu'en ses veines s'allume une flamme brûlante
Qui le dévore... Il crie, il se tord éperdu.
Sa mère alors rentrait ! Quelle épouvante !
« Oh ! mon enfant, mon pauvre enfant qu'as-tu ?
Va, ne crains pas qu'on te punisse,
N'as tu rien pris ? Dis vrai, tout sera pardonné,
Dis vrai pour que l'on te guérisse. »
« Non rien ! » criait toujours le menteur obstiné
Dont le visage était déjà livide ;

Car le cornet aux souris destiné,
Cornet fatal rempli de sucre empoisonné,
Il l'avait, hélas! laissé vide.
Il était trop tard quand on sut
La cause de son mal et qu'on le secourut.
En vain buvait sa lèvre avide ;
Le pauvre Ivon, sous l'herbe en fleur
Il fallut le porter, lui si joyeux naguères.
Sa mère en mourut de douleur,
Car c'est ainsi qu'aiment les mères.

XXIII

LA PEUR DU LOUP

J'ai peur du Loup! disait une blondine
(Vrai lutin s'il en fut, grondé dix fois le jour),
  En posant sa tête câline
Sur le cou de sa mère au regard plein d'amour,
Mère, j'ai peur du Loup!
     — Et pourquoi, ma mignonne?
— C'est qu'il est très-méchant.
     — Cette raison est bonne ;
  Moi qui croyais que tu l'aimais beaucoup.
    — Aimer le Loup!
  Maman, vous vous moquez, je pense.
— Mais comprends donc alors, ma petite Laurence,
  Dit la mère en parlant tout bas,
Pourquoi souvent il faut que je ne t'aime pas.

  Depuis lors pour faire sourire

L'enfant mutin s'apaisant tout à coup,
Sa mère n'avait qu'à lui dire :
J'ai peur du Loup !

XXIV

LE PRINCE ET LE PARALYTIQUE

LÉGENDE

Un pauvre vieux paralytique,
Dès sa naissance estropié,
Bossu, boiteux, en deux plié,
Se traînait aux abords d'une place publique.
L'église où l'on priait s'élevait au milieu.
Il tâchait de gagner les marches du saint lieu
    Pour reposer son corps débile,
    Car le malheureux sans asile
N'avait d'autre maison que celle du bon Dieu.
    Le fils du Roi s'en allant à la chasse,
    Suivi de chiens et de faucons,
    Par hasard traversait la place
    Entouré de ses compagnons.
    On s'enfuyait sur son passage.

Le jeune Prince avait pourtant un doux visage,
    De blonds cheveux, des yeux de firmament,
    Il n'était laid que d'âme seulement.
Il voit le malheureux, il le trouve risible,
S'évertue à singer sa démarche pénible,
Le jarret qui fléchit et saute tour à tour,
      La bosse qui semble une tour
      Sous l'humble pourpoint en guenilles.
      Il a pris jusqu'à ses béquilles ;
    Lorsque le pauvre à bout d'effort,
    Avec des larmes sur la joue,
    Finit par rouler dans la boue ;
    Le méchant Prince rit plus fort.
    La voix sévère de la cloche
    En vain tintait comme un reproche.
    Mais quand il veut se redresser,
    Qu'enfin son jeu cruel l'ennuie,
    On le voit soudain s'affaisser
Sous un pied lumineux qui sur son front s'appuie ;
      Et son dos se met à grossir
      Et sa jambe à se raccourcir,
Et le voilà pareil au vieux paralytique !
L'infirme cependant au bas du saint portique
Priait pour le coupable et joignait les deux mains ;
Sa mère fit chercher les plus grands médecins,
      Leur science fut inutile :

Le maudit demeura difforme, humilié,
Car Dieu l'avait puni pour avoir oublié
    Qu'il est écrit dans l'Evangile
Que tous les malheureux, et même les bossus,
    Sont les frères du bon Jésus.

XXV

VIVE LE ROI

Du gâteau j'ai trouvé la fève,
Vive le Roi, le petit Roi !
Je choisirai la Reine, moi :
C'était mon espoir et mon rêve.
      Vive le Roi !

J'ai pour elle — superbe chose ! —
La couronne en feuillage bleu
Que j'avais le jour du bon Dieu,
Pour jeter des feuilles de rose.

Certaine cousine Sara,
Qui pour moi n'est pas très-gentille,
A présent m'embrasse et babille...
Ce n'est pas elle qui l'aura.

J'aime bien mieux ma sœur Adèle,
Qui joue avec moi le matin ;
Je lui donnerai mon pantin,
Mais la fève n'est pas pour elle ;

Ni pour la dame de Paris,
Malgré sa boîte de pastille
Et son beau collier d'or qui brille
Sur sa robe de satin gris ;

Ni pour ma mignonne Suzette,
Qui sera ma femme pourtant
Un jour, lorsque je serai grand,
Et qu'on me verra l'épaulette.

Ma Reine est ici, je la voi.
Cherchez, cherchez bien à la ronde :
Je l'aime plus que tout au monde,
Et la voici : mère, c'est toi !
    Vive le Roi !

XXVI

LA BOULE VERTE

Un enfant tenait à la main
Une boule verte et piquante
Qu'il avait en jouant ramassée au jardin.
L'écorce en était déplaisante,
Ses doigts s'y blessaient tout de bon;
Aussi l'enfant presque en colère
La renvoya-t-il sans façon
Bien loin de lui rouler par terre.
Il arriva qu'un peu plus tard,
Son petit pied dessus appuyant par hasard,
La boule s'écrasa sur l'herbe
Et fit voir un marron superbe.
Le marmot bat des mains comme un triomphateur,
Au salon va trouver sa sœur :
« Sais-tu ? dit-il, la boule verte
Qui piquait comme un hérisson,

Tout à l'heure elle s'est ouverte
Et j'ai trouvé ce beau marron !
Mets-le moi vite sous la cendre... »
« J'y consens, fit la sœur aussi sage que tendre,
Mais avant, promets-moi d'apprendre ta leçon
Sans plisser ta lèvre boudeuse ;
Car l'étude est pareille à la bogue rugueuse
Que si lestement aujourd'hui
Dédaignait ton humeur mutine :
D'abord on n'en voit que l'épine,
Plus tard on en trouve le fruit. »

XXVII

MAITRE GUY

Maître Guy demande la Lune,
Il la veut ! c'est son dernier mot
Incrusté dans sa tête brune,
Sa folle tête de marmot.

Quoi qu'on fasse et qu'on lui réponde,
Dans le grand bassin du gazon
Il vient pêcher la Lune ronde
Avec la ligne et l'hameçon !

Pêchez, si cela peut vous plaire,
Lancez ligne et filet, c'est bien,
Pêchez Guy ! l'on vous laisse faire,
Votre mère ne vous dit rien.

Il réussira, chose sûre,
Il n'a pas sommeil et pas faim ;

Il ne songe qu'à sa capture,
Il pêchera jusqu'à demain.

La Lune joue à sa manière,
Parfois tient son rayon caché ;
A sa future prisonnière
Maître Guy montre un poing fâché.

Il la poursuit dans l'eau limpide,
Penché sur le bassin profond ;
C'est qu'il n'est pas du tout timide,
C'est qu'il veut pêcher jusqu'au fond !

Pêchez, si cela peut vous plaire ;
Recommencez cent fois, c'est bien ;
Pêchez Guy, l'on vous laisse faire :
Votre mère ne vous dit rien.

Le pied lui manque ; on le ramène
Transi, vaincu, le front baissé...
Là-haut rit la Lune inhumaine :
Maître Guy sort d'un bain glacé.

Depuis, comme la Lune blonde,
Nul ne cède plus devant lui,
Et de tous les marmots du monde
Le plus charmant c'est maître Guy.

XXVIII

LES GLUAUX

Qu'ils sont sots, les petits oiseaux !
Disait l'enfant, arrangeant des gluaux
   Dans l'aubépine aux fleurs de neige.
   — Pourquoi cela? lui demandé-je.
   — C'est qu'il suffit de la chanson
Que je leur fais chanter par l'un d'eux mis en cage,
   Pour les attirer sans soupçon.
   Dès qu'ils entendent son ramage
   Ils accourent sur le buisson,
   En foule, sans se faire attendre,
   Et moi, je n'ai plus qu'à les prendre.
   Qu'ils sont sots, les petits oiseaux !
   — Trompeur chéri, c'est à merveille ;
Mais es-tu donc beaucoup plus fin que les linots?
   Que de fois prêtes-tu l'oreille
A la voix qui te dit : « Viens t'amuser, Gaston ;

Quitte ton livre et ta leçon,
Le jeu de billes recommence... »
Plus tard tu pleures, le cœur gros,
C'est pour toi qu'est la pénitence :
Tu t'es laissé prendre aux gluaux.

XXIX

LE NAIN DE LA REINE

CONTE DE LA GRANDE SŒUR

Viens sur mes genoux, viens, mon petit frère.
La pluie a mouillé le gazon,
Le soleil ne se montre guère :
Il faut rester à la maison.
Viens, je vais te conter une très-belle histoire
Que grand'mère contait pour charmer mon ennui,
Lorsque le vent grondait, que la nue était noire
Et qu'il pleuvait comme aujourd'hui.

Il était une fois, à la cour d'une Reine,
Un petit nain dont elle était marraine
Et qu'elle aimait très-tendrement.
C'est aussi qu'il était charmant !
Grand comme ton pantin, pas plus, encore à peine.
La Reine le fourrait, mieux même qu'un bichon,

Dans sa poche ou dans son manchon.
Le croirais-tu, chéri? ce mignon personnage
      Au fond n'était pas bon du tout :
Il était envieux, jaloux jusqu'à la rage,
      Surtout du pauvre petit page
      Qui suivait la Reine partout.
Il le faisait punir, le tourmentait sans cesse,
Prenait soin contre lui d'irriter sa maîtresse ;
      Jéhan tremblait devant Follet,
C'était ainsi que le nain s'appelait.
Un jour, en furetant dans la chambre royale,
Le méchant, dont croissait la malice infernale,
      Voit le pauvret dormant sur un coussin ;
      Et près de lui, dans un écrin,
Le bijou favori de la Reine, une opale
      D'un éclat rare, d'un prix fou.
      Follet s'empare du bijou,
Le cache au fond de sa poche de soie.
Pour le voler ? Non pas : pour faire pis encor ;
      Et se glissant le long du corridor
      Il s'esquive sans qu'on le voie.
      La Reine remonte à l'instant,
Trouve son écrin vide, et, le cœur palpitant,
      Cherche en vain l'opale envolée.
Elle accuse Jéhan. C'est lui qui l'a volée :
Il était là tout seul quand l'anneau s'est perdu.

Le Roi dit qu'il sera pendu,
Sans pitié ni délais, au chêne le plus proche.
Follet feint de pleurer, du condamné s'approche,
Et de son mieux cachant son triomphe odieux,
    Comme pour s'essuyer les yeux
    Tire son mouchoir de sa poche.....
    Le mouchoir entraîne l'anneau
 Qui roule aux pieds du nain devant la Reine.

    — Voilà le moment le plus beau
    Fit l'enfant, respirant à peine !
    Sais-tu, sœur, ce que Follet dit ?
Demanda-t-il pardon ? Resta-t-il comme un marbre ?
— Va jouer, dit la sœur; le soleil resplendit.
    Ce que je sais, c'est qu'au grand arbre
    Ce fut Follet que l'on pendit.

XXX

LES DEUX ANGES

Où vas-tu cher ange, mon frère,
Disait un séraphin vermeil?
— Je vais gronder avec mystère
Un bel enfant à son réveil.
Il me souvient dans les étoiles
De l'avoir vu jouer jadis;
Je l'ai reconnu sous ses voiles
Au seuil d'azur du paradis.
Trop souvent, hélas! il oublie
Que du ciel il est descendu,
Et de douleur l'âme remplie,
J'essaierai d'en être entendu.
Je prendrai la voix de sa mère
Pour lui parler sur ses genoux,
Afin qu'il reste, sur la terre,
L'ange qu'il était parmi nous.

XXXI

SOLDAT DE L'EMPEREUR

Rangez-vous! c'est moi qui passe,
Moi, soldat de l'Empereur.
Comme je porte avec grâce
Mon grand sabre qui fait peur!

J'ai tout seul appris à faire,
En levant le bout des doigts,
Un beau salut militaire
Aux officiers que je vois.

J'en connais un qui me nomme
Déjà son petit ami.
J'ai cinq ans, je suis un homme,
Je ne crains pas l'ennemi.

Je saurai très-bien combattre,
Moi je ne suis pas peureux :

Quand un gamin vient me battre,
Pour un soufflet j'en rends deux.

Je n'entends pas qu'on me mène
Par la main comme un marmot;
Que malgré moi l'on m'emmène
Sans me laisser dire un mot.

Je cours vite à la revue
Que l'Empereur va passer :
Au plus fort de la cohue
Je veux juste me placer.

Je suis hussard de la garde,
Mon costume est bleu de ciel;
Si l'Empereur me regarde,
Il me fera colonel.

A l'école où l'on me gronde
Je n'irai plus, quel bonheur!
Je vais plus que tout le monde
Crier : Vive l'Empereur!

*

Le bambin faisant prouesse
S'élance le front levé,
Rayonnant comme une Altesse;
Mais adieu gloire et paresse,
Sa mère l'a retrouvé!

Il lui faut battre en retraite.....
Le héros se voit donner,
Dans sa déroute complète,
En place de l'épaulette,
Du pain sec à son dîner.

XXXII

LA MEILLEURE PART

« Pour vous, disait la mère à deux belles petites
    Qui jouaient sous les clématites
    Avec le sable du jardin,
Pour vous, mes deux amours, m'arrive de Pékin,
    La capitale de la Chine,
    Dans cette caisse de satin,
    Une poupée en mandarine.
    Rien qu'une, hélas! c'est très-fâcheux,
    Pas moyen de la mettre en deux;
    Je m'en vais faire autrement le partage :
L'une aura la poupée et l'autre avec courage
    Devant se contenter de *rien*,
Je l'embrasserai tant, si longtemps et si bien
Que je consolerai sa peine, je l'espère.
Choisis, toi la plus grande et parle la première. »
    Irène, rouge d'embarras,

Regardait la poupée et ne répondait pas.
« Moi je choisis, s'écrie alors Clémence
Qui dans les bras de sa mère s'élance,
Je choisis, et je choisis bien :
Moi, je prends.... *rien*. »

XXXIII

LES YEUX DE LA PEUR

Aubin n'était pas né pour être un capitaine.
avait peur du vent, il avait peur du loup,
    Du bruit de l'eau dans la fontaine,
    De son ombre, enfin peur de tout.
Il atteignait bientôt sept ans ce petit homme !
On le montrait au doigt, on s'en moquait en vain.
Or, il s'avise un soir de vouloir une pomme
De celles qu'on cueillait dans le bas du jardin,
Tout or et vermillon, aussi belle que bonne.
    Son père lui dit en riant :
    « Va la prendre et je te la donne. »
    Le ciel était pur et brillant,
La lune répandait sa lumière tranquille ;
    Maître sot n'aurait pas le soir
    Risqué deux pas, s'il eût fait noir,
    Pour une pomme ni pour mille ;
Mais le jardin était si bien illuminé,

La pomme si grosse et si mûre,
Qu'il se décide à tenter l'aventure
Par la friandise entraîné.
L'apercevez-vous qui chemine
Aussi tremblant qu'une feuille là-bas ?
Le pauvre enfant, qu'il a piteuse mine !
Comme il avance pas à pas !
Il touche enfin à sa conquête,
Ouvre la main..... Mais, ciel ! qu'a-t-il donc vu ?
Il crie, il court, — rien ne l'arrête —
Et s'enfuyant, tout éperdu,
S'en va rouler, heurtant contre une pierre,
Au bas de la terrasse, où coule la rivière.
On le sauve, à demi noyé,
Transi, blême à faire pitié,
Balbutiant des mots sans suite,
Loup... voleur... assassin... Il ne sait trop lequel,
Mais n'importe ! d'un danger tel
A ce prix heureux d'être quitte :
Son père malgré lui le ramène au pommier :
L'infâme auteur de sa déroute,
Loup, voleur, assassin, embusqué sur sa route,
C'est l'échelle du jardinier !

XXXIV

LA POULE ET LES POUSSINS

Certaine poule favorite
Avec tous ses poussins courait en liberté ;
    Et la petite Marguerite,
      — Charmant lutin un peu gâté, —
    La trouvait vraiment trop sévère
Pour sa jeune famille aux innocents ébats ;
    Car la poule ne souffrait pas
  Qu'on s'éloignât, qu'on restât en arrière.
Pressant les paresseux, ralliant les mutins,
Il les lui fallait tous à l'abri sous son aile ;
    Et l'enfant se fâchait contre elle,
    Prenait parti pour les poussins,
    Tant et si bien qu'à la cruelle
    Elle songe à faire un bon tour :
    Doucement dans la basse-cour
L'attire, et, brusquement à point fermant la grille,

Malgré ses efforts et ses cris,
La sépare de ses petits.
La couvée à présent se débande, sautille
D'ici, de là, partout. Heureux petits oiseaux !
Chacun contente son caprice,
Tandis que la poule au supplice
A coups de bec attaque les barreaux,
En vain se hérisse et s'agite.
Comme elle riait, Marguerite!
C'était un tel amusement
Qu'elle en veut procurer le plaisir à sa mère;
Court la chercher avec empressement,
Retrouve bien la poule prisonnière,
Mais les poussins, ciel! où sont-ils?
On en découvrit deux, noyés dans une jatte ;
Deux autres — et c'était, hélas! les plus gentils, —
Avaient du chat senti la patte...
Marguerite pleurait. Sa mère avec bonté
Lui dit : « Profite au moins du chagrin qui t'oppresse ;
Il n'est pas toujours bon, ma petite princesse,
Que poussins et qu'enfants fassent leur volonté. »

XXXV

LE PETIT BON JÉSUS

Que fais-tu là? disait d'une voix douce
La mère de Gaston, frais minois de six ans,
A l'enfant, qui restait, grave, assis sur la mousse,
A regarder jouer de petits paysans?
   Que fais-tu là? Pourquoi ces airs maussades?
      Va retrouver, mignon,
      Tes petits camarades. »
   — « Mes camarades, fit Gaston,
Ces petits garçons-là! des paysans! non, mère;
      Il viendra, j'espère,
         Au château
      Des enfants comme moi bientôt. »
Le lendemain, — c'était précisément la veille
De Noël, un grand jour! — Gaston, dès qu'il s'éveille,
Veut qu'on le fasse beau, s'agite, n'y tient plus
De hâte d'aller voir le petit bon Jésus.

Il a beaucoup de choses à lui dire :
Comme il prie à genoux ! comme il l'aime et l'admire
Dans son paradis de gazon,
L'Enfant divin, vêtu d'une robe de neige
Avec une couronne au front,
A qui les Mages font cortége !
— Tu n'aurais pourtant pas voulu
En faire ton ami si tu l'avais connu,
Ni jouer avec lui jamais, lui dit sa mère,
Qui, souriant, l'écoutait babiller :
Ce petit Roi du Ciel que tu viens de prier,
Quand il vint pour nous sur la terre,
C'était le Fils d'un charpentier.

XXXVI

SOUS UN BUISSON FLEURI

Ils étaient là tous cinq, la sœur, les quatre frères,
    Assis sous un buisson fleuri.
      Ils avaient bien couru, bien ri,
Et causaient un moment, perdus dans les fougères,
Quelque peu fatigués, mais charmants, mais joyeux.
    Chacun cherchait ce qu'il aimait le mieux :
— Moi, ce sont les pantins, fit l'aîné d'un air grave.
      — Moi, les fusils ; je suis très-brave.
      — Moi, les livres ! dit le petit,
      Savant qui depuis hier épèle.
      — Moi, les fraises, sans contredit,
      A toi de parler, Gabrielle.
      — Moi, fit-elle, c'est étonnant,
      Attends un peu... Je ne sais guère ...
      Oh si ! Je sais bien maintenant
      C'est un baiser de notre mère.

DEUXIÈME PARTIE

SECONDE ENFANCE

I

L'ENFANT AU CIEL

    Mère, où donc est-il, Adrien ?
Il ne vient plus jouer pendant la promenade.
Moi, je l'aime beaucoup, mon petit camarade,
Je voudrais bien le voir ; réponds, tu ne dis rien.
    — C'est que c'est si triste à te dire :
Tu ne le verras plus ; il est chez le bon Dieu ;
Ses petits amis sont les anges du ciel bleu,
Il est mort, mon enfant. L'innocent de sourire :
      — Mais ce n'est pas triste cela,
      Et je voudrais bien aller là.
Comme on doit s'amuser ! — Mon enfant, sur la terre
      Adrien a laissé sa mère
Qui pleure toute seule. — Est-ce qu'avec l'enfant
La mère n'entre pas ? — Souvent Dieu le défend.
— Je ne veux plus aller dans ces belles demeures,
Dit l'ange qui l'embrasse ; oh ! je ne saurais, moi,

Mère, m'amuser si tu pleures;
Garde-moi toujours avec toi.

Douce petite voix, tu ne te trompes guères :
S'il est encore des pleurs dans les cieux triomphants,
C'est qu'ils tombent des yeux des enfants sans leurs mères,
Ou des mères sans leurs enfants.

II

PETIT ET GRAND

Les poings fermés, criant, se démenant,
En un coin trépigne Fernand.
Le tapage qu'il fait, lui, ne le gêne guère ;
Mais, lassé cependant, le père
Ferme son livre et vient savoir
La cause d'un tel désespoir.
— C'est ma sœur! dit l'enfant que la colère agite ;
Elle n'a pas traîné la voiture assez vite,
Elle ne veut pas m'obéir.....
— Pourquoi t'obéirait Brigitte?
— « Moi, je suis grand, elle est petite ! »
Qu'on soit petit ou grand, conter son désespoir
Soulage un peu toujours : la fureur enfin cesse,
Il retourne à ses jeux et son père le laisse.
Mais nouveaux cris l'instant d'après,
Et cette fois cris de détresse :
Le cousin de Fernand, écolier aux aguets,
S'emparant de lui par surprise

L'a sur le haut d'un mur mis à prendre le frais.
Fernand se meurt de peur, rugit de la traîtrise,
   Ne veut pas du tout rester là ;
   Le cousin n'entend pas cela,
Et le bruit de nouveau fait le père descendre.
— « Père, Yve est un méchant : Vite à moi ! viens
         [me prendre ! »
   Et l'enfant lui tendait les bras,
   Tout frémissant, se croyant quitte ;
   Mais le père lui dit : « Non pas !
C'est un endroit très-bon pour que l'on y médite.
   A toi d'obéir à présent :
   N'es-tu pas petit et lui grand ? »

III

L'ÉPINE BLANCHE

On me néglige, on me délaisse,
Disait une Epine en bouton,
Et pour chercher sous l'herbe épaisse
Je ne sais quoi de sombre, un avorton
Qui semble à peine une fleurette !
Qu'a-t-elle, cette violette
Pour faire aux gens perdre leurs pas ?
Un oiseau qui passait lui répondit tout bas :
Elle embaume et ne pique pas.

IV

LE FRÈRE ET LA SŒUR

Deux enfants s'ébattaient au fond d'une vallée
Verdissante au retour de la belle saison.
Ils avaient quitté seuls leur cabane isolée :
C'étaient les deux enfants d'un pauvre bûcheron,
    Veuf, et sorti dès l'aube avec courage,
        En les embrassant tour à tour,
        Pour aller se mettre à l'ouvrage
        Et leur gagner le pain du jour.
Le soleil rayonnait. La petite Marie,
        Languissante depuis longtemps,
Avait voulu cueillir des fleurs dans la prairie,
        Les premières fleurs du printemps ;
        Elle avait entraîné son frère.
Tous les deux s'excitant et courant à la fois
        Sans le vouloir avaient gagné les bois,
En quête du muguet et de la primevère.

Le bouquet grossissait, lorsqu'un long hurlement
      Au-dessus d'eux se fait entendre,
Et qu'un loup affamé, gueule ouverte, écumant,
      Du fourré commence à descendre.
Marie a la première aperçu l'animal,
Et s'est évanouie à cet aspect fatal,
      A demi morte d'épouvante.
Déjà le monstre fauve est au bas de la pente.
Où fuir, où se cacher ? Il prend le chemin creux,
Et flairant les pauvrets, se dirige vers eux.
Justin frémit : il n'a qu'un couteau dans sa poche,
      Et cependant le loup s'approche.
L'enfant est bien petit, mais son courage est grand.
Oh! s'il pouvait sauver sa sœur, même en mourant!...
      Il recommande à Dieu son âme,
Et se précipitant à la tête du loup,
      L'étreignant, frappant coup sur coup,
Dans la gueule fumante il enfonce la lame.
      Le loup tombe expirant. Justin
      Tout sanglant au bord de la route,
—Sa mère aux pieds de Dieu priait pour lui sans doute—
      N'a qu'une blessure à la main !
      On en parla dans la province :
      On ne s'entretenait partout
      Que de l'enfant vainqueur du loup ;
      Le bruit en parvint jusqu'au Prince,

Il voulut voir Justin ; devant toute la cour
        Le combla d'honneurs tour à tour
Et de présents. Justin fut bien heureux , je pense ;
Mais son regard ému semblait chercher sa sœur,
        Et sa plus douce récompense,
        Il l'avait au fond de son cœur.

V

LE DORTOIR

Je suis joyeux d'être au collége :
J'ai le képi, je marche au pas,
J'apprends bien mes leçons tout bas
Pour être premier — Le serai-je?—
Seulement ce que je voudrais
C'est que le soir ne vînt jamais.

Je n'ai pas peur au dortoir sombre
Où la lampe brûle dans l'ombre ;
J'entends la voix du surveillant
Autour de nous toujours veillant ;
Mais cette voix grave et sévère
Ce n'est pas celle de ma mère.

Il me semble que je la voi ;
Je lui dis : Mère, embrasse-moi !
C'est elle qui me déshabille,

Elle répond quand je babille,
Sur son cou je suis appuyé.....
Je rêve ainsi tout éveillé.

Si le maître fait sa visite,
Je ferme les yeux tout de suite.
J'ai hâte d'être au lendemain ;
Je mets ma main sur mon visage,
Je pense au bon Dieu, je suis sage,
Mais j'ai des larmes sur ma main.

Petit lit blanc, chère couchette
Roulée à côté du grand lit
De ma mère qui me sourit,
C'est toi, c'est toi que je regrette
Quand je ne puis dormir le soir
Sans un seul baiser pour bonsoir.

Je suis joyeux d'être au collége :
J'ai le képy, je marche au pas,
J'apprends bien mes leçons tout bas
Pour être premier — Le serai-je ? —
Seulement ce que je voudrais
C'est que le soir ne vînt jamais.

VI

LES MOUCHERONS

Max n'était pas content de son gâteau :
On n'avait pas bien sucré le morceau.
　　Et puis, — la chose était plus grave, —
On avait mieux servi son frère Octave.
　　　Il jette sa part au jardin,
　　　S'en va bouder seul et farouche.
Pendant ce temps une petite mouche,
　　　A d'autres montrant le chemin,
　　　Pompait le sucre avec extase ;
　　　Y conduisait tout un essaim
　　　De bandits aux ailes de gaze,
　　　Lesquels travaillèrent si bien,
Que le mutin jaloux, revenant à la tranche,
De la neige sucrée, et si fine et si blanche,
　　　Hélas! ne retrouva plus rien.

En bourdonnant, joyeux, plus fort qu'à l'ordinaire,

Les moucherons disaient à l'enfant tout confus :
« Recommence demain : tu fais bien notre affaire ! »
Mais Max ne recommença plus.

VII

LA BOURSE PERDUE

Au berceau petit Jean avait perdu son père.
  Sa mère à ses regrets cuisants
  Succomba vite ; il n'avait pas six ans
   Qu'il était tout seul sur la terre.
Pas d'ami, de parent qui vînt le réclamer ;
  De lit rarement, de pain guère ;
  Puis il n'avait personne pour l'aimer,
Et c'était encor là sa plus grande misère.
L'orphelin cependant possédait un trésor :
   Une bourse de pièces d'or
  Qu'en cueillant la mûre sauvage
Il avait ramassée au milieu des genêts,
  Et depuis lors gardée avec courage
   Sans y toucher jamais.
L'hiver était venu, — l'hiver avec la neige

Et la glace, triste cortége ! —
Petit Jean de froid et de faim
S'était évanoui sur le bord du chemin,
Lorsque vint à passer une grande voiture
Avec un riche voyageur.
Sitôt qu'il vit l'enfant et sa pâle figure,
Il cria d'arrêter, craignant quelque malheur ;
Descendit, le couvrit de sa propre fourrure,
Le fit porter dans son landau,
Et mener vite à son château,
Où l'on crut d'abord impossible
De ranimer le pauvret insensible,
Sans chaleur et sans mouvement.
Quand il revient à lui, par degrés, lentement,
Que sa tête penchée à la fin se relève,
Se voyant dans un si beau lieu,
Petit Jean croit qu'il fait un rêve,
Ou bien qu'il est déjà chez le bon Dieu.
Sur sa lèvre passe un sourire ;
Et son sauveur joyeux se met à dire,
En le soulevant doucement :
« Je ne me plains pas de ma course,
Pas de nouvelle de ma bourse,
Mais cet enfant sans moi mourait certainement. »
Jean a compris ; son regard éteint brille,
Il tire avec effort un vieux linge en guenille

En balbutiant : « La voilà !
Il n'y manque rien, comptez-la. »
— Quoi, mon enfant, tu demandais l'aumône,
Tu te laissais mourir et de faim et de froid
Avec tout cet argent? — Ce n'était pas à moi,
Répond l'enfant que sa surprise étonne.
Le seigneur attendri près de lui garda Jean,
A le faire élever employa tout l'argent
      Que contenait la bourse pleine.....

Le petit mendiant, devenu capitaine,
      Et pour son courage cité,
      Ayant croix, médaille et rosette,
      Contait ce que j'ai raconté
      Avec encor plus de fierté
      Qu'il ne montrait son épaulette.

VIII

LE MARAIS

Un pinson s'ennuyait de boire
Toujours au même filet d'eau ;
Eau pure et fraîche et jamais noire,
Et c'était justement ce qui lassait l'oiseau.
Il part pour chercher du nouveau.
Or, le nouveau ce fut un marais d'eau fétide
Dont l'étourdi fut enchanté.
Il y plongea son bec avide,
Et mourut d'en avoir goûté.

Adrien dit : La chose est claire,
Moi, je comprends très-bien les fables désormais;
Le bien c'est le flot pur ; le mal c'est le marais;
Le pinson c'est l'enfant ennuyé de bien faire...
Ce petit pinson-là n'avait donc plus de mère !

IX

L'HABIT DE VELOURS

Roger ayant reçu, pour le jour de sa fête,
   De son parrain, qui le gâtait toujours,
      Un habit de velours,
  De vanité faillit perdre la tête.
Il se tenait debout devant un grand miroir,
    S'admirait du matin au soir,
    Trouvait de ses regards indigne
Quiconque n'avait pas d'habit comme le sien,
     Même son ami Cyprien,
     Privé de cet honneur insigne.
   Il arriva — je ne sais trop comment,
L'habit ayant été serré négligemment —
Qu'il rencontra la dent d'une souris gentille,
Laquelle sans façon en fit une guenille.
    Jugez du chagrin de Roger !
Et puis sa mère aussi qui lui semblait changer

Et s'éloigner de lui... Redoublant de sagesse,
A la mieux satisfaire il s'applique sans cesse,
    Il va réussir cette fois ;
    Il est le premier de la classe :
    Quel bonheur d'apporter la croix !
    Mais sa mère à peine l'embrasse.
— Que vous ai-je fait, mère, et ne cherché-je point
    A vous contenter en tout point ?
Ne m'aimez-vous donc plus ?
                  — Si, mais certaine chose
Te manque, et tu me plais beaucoup moins maintenant,
    Malgré ton travail étonnant ;
    Tu la devines, je suppose.
— Quoi donc ? — Ton bel habit de velours, tu sais bien,
    Sans cela le reste n'est rien.
— Mais ce n'est donc pas moi, c'est mon habit, ma mère,
    Que vous aimez ? Dieu ? qui me l'aurait dit !
    Balbutie en sa peine amère
    Le pauvre enfant tout interdit.
— Il faut bien qu'en effet ce soit un grand mérite,
    Reprend la mère gravement ;
    N'as-tu pas délaissé bien vite,
Le petit Cyprien, si bon et si charmant,
    Le petit Cyprien qui t'aime,
Parce qu'il lui manquait cette gloire suprême ?
— Mère, j'étais un sot.
                  — Oui, mais tu ne l'es plus,

Dit la mère à Roger confus,
En parlant d'une voix si tendre
Qu'il pleurait de joie à l'entendre :
Va, c'est bien le cœur et l'esprit
Qui font l'enfant, et non l'habit.

X

LES DEUX COUPABLES

Père, Jule est méchant. — Et toi? — Moi, je suis sage,
    Il a jeté de sa main
    Par la fenêtre son pain,
    Tout en trépignant de rage.
   Tu vas, moi, m'aimer davantage
Et lui, le bien punir. Embrasse-moi .... — Non, non,
Dit, en le repoussant, le père de Léon :
Non, tu partageras le châtiment sévère
Que tu viens me prier d'infliger à ton frère ;
Et plus facilement il aurait son pardon,
    Quoiqu'il ait trépigné de rage,
    L'enfant petit qui n'est pas sage
   Que l'enfant grand qui n'est pas bon.

XI

LA SOURCE

« Regarde ce gentil oiseau
Qui volait bas, l'aile alanguie,
Plonger son petit bec dans l'eau
De la source à l'ombre enfouie.

A peine a-t-il bu, qu'il repart
Défatigué, joyeux de vivre ;
Il va si haut que ton regard
Tout surpris ne peut plus le suivre.

L'orage embrasé gronde encor,
N'importe ! Rien ne l'intimide :
Il a repris son vif essor,
Grâce à cette goutte limpide.

Tu grandiras, mon pauvre amour !
La vie est quelquefois bien rude ;

Si tu défaillais quelque jour
De souffrance ou de lassitude,

Songe à la source où l'oiseau boit,
Où son courage se réveille :
Dieu dans mon cœur a mis pour toi
Ta goutte d'eau toute pareille.

Maintenant tu ne comprends pas....? »
Et caressant la tête blonde,
La mère émue entre ses bras
Serrait l'enfant, sa joie au monde.

« Mère, fit-il en souriant,
La source débordant sans cesse
Qui me rendra fort et vaillant,
Je te comprends, c'est ta tendresse. »

XII

LE COLLIER DE CORAIL

On n'aurait pu trouver personne
Qui ne chérit Brigitte aux grands yeux bleus,
Car rien n'est si charmant qu'une enfant belle et bonne,
    Et Brigitte était tous les deux.
    Entrons un moment dans sa chambre :
C'est un jour triste et froid, un vrai jour de décembre,
Pourtant elle est joyeuse et le plaisir se lit
    Dans son sourire. Sur son lit
    Est étalée une fraîche parure :
    Robe blanche et blanche ceinture ;
        Un éventail
        En miniature,
    Et son beau collier de corail
    Qui la rend encor plus gentille.
    Elle s'en doute, je le crois,
    Car elle a déjà bien des fois,

En attendant que sa mère l'habille,
Posé le fil pourpré qui brille
Autour de son cou rondelet,
Et l'on dirait un rang de fraises dans du lait.
Le soir tant désiré ne vient pas assez vite;
Toute seule dansait Brigitte,
Quand, se mêlant à des sanglots,
Elle entend un bruit de sabots,
Et dans ses bras se précipite,
A moitié folle de douleur,
Sa nourrice
Qui vient lui conter son malheur :
Chez elle les gens de justice
Saisissent tout, bétail et mobilier,
Pour un terme de son loyer,
Trente écus qu'il lui faut payer.
Quelle peine dans la chaumière !
Brigitte d'un cœur diligent
Vers sa bourse a couru, mais son épargne entière
Ne fait pas le quart de l'argent;
Et sa mère est partie et sa nourrice pleure ;
Il sera trop tard tout à l'heure.....
La pauvre enfant se met à se désespérer :
— Les anges souriaient en la voyant pleurer —
« Une idée, une idée ! Oh c'est Dieu qui l'envoie !
Sauvée, oh oui, sauvée ! » Avec un cri de joie,

Brigitte de son cou détache son collier :
« Vite, nourrice, au bijoutier
Va le vendre ;
Je sais qu'il vaut
Au moins tout l'argent qu'il te faut. »
Et l'enfant la force à le prendre,
N'ayant jamais goûté dans le fond de son cœur
Un si délicieux bonheur.

Au bal, le soir venu, radieuse et légère,
Son petit pied touche à peine la terre ;
Mais quelqu'un cependant est plus heureux encor
Que la belle enfant au cœur d'or,
Et ce quelqu'un-là — c'est sa mère.

XIII

LE MAL QUE L'ON VOIT FAIRE

« C'est à se mettre en colère :
Sais-tu ce que j'ai vu, père?
Un cocher furieux qui battait son cheval!
Cependant le pauvre animal
N'avait aucun tort, je t'assure,
Et traînait très-bien la voiture :
Comme un bon serviteur il ne s'épargnait pas,
Mais le cocher méchant frappait à chaque pas.
J'en suis tout indigné.....
— Mon enfant, c'est justice;
Mais que penses-tu du supplice
Qu'en jouant tu donnais, lorsque je t'arrêtai,
Au petit écureuil qu'on t'avait apporté?
Tu n'avais même pas cette mauvaise excuse
D'un moment de dépit dont plus tard on s'accuse.
Ce jeu-là te semblait parfait;

Petit juge, aujourd'hui sévère,
Toute la différence était .
Entre le mal que l'on voit faire
Hélas ! et le mal que l'on fait. »

XIV

LE NOUVEAU-NÉ

Je l'ai vu dans son petit lange !
Il vient de naître : c'est un ange
Qui jouait hier au paradis.
Il dort, et pendant qu'il repose
J'ai baisé son petit pied rose,
Ses cheveux à peine blondis.

C'est en tremblant que je le touche :
J'ai peur du souffle de ma bouche
Et de le blesser malgré moi ;
Sa peau blanche semble aussi fine
Que son rideau de mousseline.
Il a déjà pleuré. Pourquoi ?

Il dort à côté de ma mère.
Il est tout à moi, c'est mon frère !
On m'a permis de le bercer.

Doucement, sans bruit, je l'apaise
Et je le regarde à mon aise :
Je voudrais toujours l'embrasser.

Il a fallu longtemps l'attendre.
Oh ! pour lui je serai si tendre
Qu'il sera content, j'en réponds,
D'être venu. Comme avec joie
J'ai gardé mon ballon de soie,
Mes militaires à pompons.

Pour l'amuser ! Je les lui donne
Et mon beau prix et ma couronne.
Pour faire place à son berceau
J'ai moi-même ôté ma couchette
D'auprès de ma mère inquiète,
Qui m'endormait sous son rideau.

C'est qu'il est à moi; c'est mon frère!
C'est qu'il vient du ciel sur la terre!
Il va s'éveiller à l'instant...
J'ai hâte de le voir sourire,
Je voudrais l'entendre me dire
Qu'il m'aime, moi qui l'aime tant!

XV

LES PERCE-NEIGE

LÉGENDE

Au coin d'un bois, devant une image de pierre
De la Reine du paradis
Qu'on vénérait dans la contrée entière,
Un enfant éploré priait au temps jadis,
Mettant son âme en sa prière.
C'était l'enfant d'un pauvre tenancier,
Vassal obscur, serf de naissance,
Sans protecteur et sans défense,
Qui de sa vie allait payer,
Au prochain retour de l'aurore,
La mort d'une biche et d'un daim
Qu'il n'était pas bien sûr qu'il eût tués encore.
Le haut baron devait passer par ce chemin.
De petit Jacque en pleurs la dernière espérance
Etait, tombant à ses genoux,

De l'attendrir, de fléchir son courroux,
En l'honneur de Noël, un jour de délivrance
Dont les cloches tintaient avec grande clameur.
Guère il ne se doutait l'enfant, dans sa candeur,
Que c'était un cruel avec un cœur de roche,
  Dont jamais la pitié n'approche
  Et qui se moquait du bon Dieu.
  Donc il l'attendait en ce lieu
En pleurant et priant, à genoux sur la glace.
  On entend le bruit de la chasse,
Le seigneur passe et Jacque ose arrêter ses pas,
  Sans trembler devant sa colère :
Monseigneur, oh! pitié! La grâce de mon père,
  Pitié! Ne la refusez pas,
Au nom du doux Jésus, de Madame la Vierge
  Qui vous la demande avec moi!
  — Tu lui donnerais un beau cierge,
  Eh bien, qu'elle ait pitié de toi!
  Madame la Vierge si bonne
  A son front n'a pas de couronne,
  Et j'en suis vraiment désolé ;
  Si tu peux dans ce bois gelé
Lui ramasser des fleurs pour finir sa parure,
  Quand ce soir je repasserai
  Entends-tu, je pardonnerai..... »
Et le méchant de rire en piquant sa monture.

L'enfant, cœur plein de foi, regarda le gazon :
Parmi les herbes fanées
Les perce-neige étaient nées,
Et sa main n'avait plus qu'à cueillir la rançon.
Quand le Seigneur revint, implacable, farouche,
Tout prêt à se railler des pleurs,
Le pardon tomba de sa bouche :
Au front divin brillait la couronne de fleurs.

XVI

LA PATTE DE VELOURS

Un loup rusé, le roi des loups,
Et le plus à craindre de tous,
Au besoin faisait patte douce :
On aurait dit velours et mousse.
Un très-gentil petit chevreau,
Mécontent du chien du troupeau,
Dont la voix lui semblait sévère,
Parlait au loup dans sa colère.
Le loup disait du mal du chien,
Mêlait flatterie et caresse,
Finement irritait sans cesse
L'ingénu contre son gardien ;
Si bien qu'un beau soir dans la plaine
Voyant le chien presque endormi,
Pour s'en aller chez son ami
Au fond de la forêt lointaine,

Le petit chevreau s'échappa.
Sire loup lui tendit la patte...
Et l'aimait tant qu'il en soupa.

Notre ami n'est pas qui nous flatte.

XVII

LE PRIX

Si je pouvais avoir le prix,
Que ma mère serait contente!
Mais il faut que l'on ait appris
Trente vers ou plutôt soixante,
Et cela c'est bien ennuyeux.
Puis il faut encore à voix haute
Qu'on répète le tout sans faute :
Les larmes m'en viennent aux yeux!

Mais quelle joie aurait ma mère
De se voir amener Raymond,
Son Raymond dont elle est si fière,
Avec une couronne au front!
Je crois que j'ai moins de paresse :
Je tiens dix lignes; après tout
Je pourrais aller jusqu'au bout
Avec un effort de tendresse.

Quelqu'un au salon disait hier
Que l'amour nous rend tout facile.
Ce quelqu'un a raison, c'est clair :
Cette leçon si difficile
Je la sais déjà tout du long,
Elle a cessé de me déplaire ;
J'aime tant ma petite mère
Que j'aime presque ma leçon.

Je la sais, je viens de la dire,
Et j'ai vu le maître sourire
Et me regarder tout surpris.
Que mon impatience est vive !
Oh mère, embrasse-moi, j'arrive....
Je suis le premier ! j'ai le prix !

XVIII

L'AFFREUX MENDIANT

« Quel affreux mendiant ! disait l'enfant tremblante :
Sans cheveux, les yeux morts et la lèvre pendante,
Il me fait peur à voir et j'en ai du dégoût.
    Je ne veux, moi, lui rien donner du tout. »
« Mon enfant, dit le père, écoute son histoire :
    L'infortuné qui te tendait la main
N'a pas toujours été, — c'est difficile à croire, —
Ce spectre que tu vois assis sur le chemin.
C'était un beau garçon, ouvrier d'une usine,
Sa mère demeurait à la ferme voisine ;
    Une nuit la ferme brûla.
Il accourut, criant : « Ma mère !... » Elle était là ;
On avait oublié la pauvre vieille femme.
    Déjà le toit craquait en flamme
Au-dessus de son lit, dans le fond du grenier.
Essayer de monter, la mort était certaine.....

On l'arrêtait, mais lui vers l'escalier
S'élança, plein de force plus qu'humaine,
　　La foule ne respirait pas :
　　Partout fumée, ou flamme ou braise...
Il s'échappa vivant de la fournaise
　　Tenant sa mère entre ses bras.
Lui n'était qu'une plaie et surtout au visage....
　　　Mais sans m'écouter davantage
Où cours-tu?.... Je croyais pourtant t'intéresser? »
— Je cours pour lui porter ma bourse et l'embrasser.

XIX

MAURICE ET ZÉPHIRE

« Mon enfant, ne sois pas sans cesse
A tourmenter ce pauvre chien ;
Je sais que Zéphire t'aime bien,
Et qu'il ne te rend que caresse,
Mais il peut se fâcher : alors c'est un démon.
Sois bon pour lui. »
            Notre petit fripon
Ne trouvait pas amusant d'être bon ;
Il aimait beaucoup mieux — cela le faisait rire —
    Tirer la queue et l'oreille à Zéphire.
Zéphire, enfin lassé, se fâcha cependant,
    Et furieux, prit sa revanche :
    Un beau matin la peau douillette et blanche
        De Maurice connut sa dent.
        Qu'il soit seul ou qu'on le regarde,
De tourmenter Zéphire à présent il se garde ;

Maurice est devenu prudent :
C'est que l'expérience amère
A parlé de sa voix sévère
Qu'il faut bien qu'on écoute, hélas!
Et la douce voix de la mère
Est celle qu'on n'écoute pas!

XX

LE COLIBRI

Chez un marchand d'oiseaux la mère d'Antoinette
    Pour l'amuser la conduisait souvent,
    Et lui permit enfin d'y faire emplette
D'un des petits captifs ailés, joujou vivant.
    Se décider était le difficile ;
L'enfant changeait de goût à tout moment.
        Ce fut un colibri charmant
      Qu'elle choisit, certe, entre mille.
      On n'avait pas vu son pareil :
      Comme l'oiseau bleu des féeries
      Il étincelait au soleil ;
Ses plumes paraissaient faites de pierreries.
Antoinette en extase emporta son trésor.
      Sans se lasser d'abord
Admira, caressa le merveilleux plumage,
Puis en vint à trouver le colibri moins beau

Parce qu'il était moins nouveau,
Et finit par bâiller à côté de sa cage.
« S'il avait au moins un ramage !
Disait-elle ; on s'amuse en écoutant cela.
Il ne sait rien cet oiseau-là ;
De tous ses beaux reflets je le tiendrais bien quitte
Pour un chant qui m'amuserait.
Que n'ai-je simplement pris un chardonneret !... »

— « Viens dire alors ta leçon, ma petite,
Reprit un jour sa mère qui sourit ;
Allons, courage ! apprends bien vite
Pour n'être pas toi-même un colibri. »

XXI

UN VRAI FUSIL

« Viens voir, petite sœur, quel beau jeu j'ai trouvé :
    Nous allons faire l'exercice !
Le garde a déposé son fusil dans l'office,
    Un vrai fusil ! J'en ai longtemps rêvé.
Je serai le soldat, et toi le capitaine ;
    Tu crieras : Feu ! je tirerai. »
    — Oh non, j'aurais peur, dit Irène,
Un doux ange aux yeux bleus, de son frère adoré.
« Mais ce n'est que pour rire, entends-tu bien, mignonne,
Que pour faire semblant, ma parole d'honneur !
Mon capitaine, allons, ne soyons pas poltronne... »
    Gontran finit par entraîner sa sœur.
    Qu'il est charmant, arpentant le parterre,
        Gravement, au pas,
            L'arme au bras !
    Sa mère est vraiment trop sévère
    De lui défendre un tel bonheur...

Irène aux éclats rit et n'a plus du tout peur.
Avec l'arme terrible alors que Gontran joue,
Au détour d'une allée, elle s'écrie : « En joue !
   Feu !... » Le coup part... Irène dans les fleurs
    Va rouler tout ensanglantée.
  La mère accourt, à moitié folle en pleurs ;
   Sur l'enfant elle s'est jetée ;
Mais ni pleurs ni baisers ne feront se rouvrir
   Les grands yeux bleus clos pour mourir.
   Gontran ne voulait pas survivre
    A sa sœur ; il voulait la suivre ;
De Dieu, dans sa douleur, il implorait la mort.
   Dieu le laissa souffrir encor ;
Sa mère, par pitié cessa de le maudire.
Il devint grand ; mais plus de bonheur désormais :
   Tout le temps qu'il vécut, jamais,
   Jamais on ne le vit sourire.

XXII

PRIEZ, PETIT ENFANT

Pour que Dieu vous protége en la couchette blanche,
Comme il veille à l'oiseau qui s'endort sur la branche
      Et que lui seul défend ;
Pour que la vie un jour ne vous soit pas amère,
Que toujours vous ayez et le pain et la mère,
      Priez, petit enfant.

Priez ! votre prière, au Dieu plein de clémence
Mieux que la nôtre arrive, étant tout innocence,
      Dans son vol triomphant ;
Priez pour nous, pour vous, pour la mère tremblante
Dont vous êtes la joie et souvent l'épouvante.....
      Priez, petit enfant.

Ne fermez pas vos yeux sans dire une prière ;
Et lorsque vous ouvrez le matin la paupière,
      Qu'un baiser vous attend,

Entre les bras chéris priez! Dieu vous regarde,
Et vous ne savez pas ce que ce jour vous garde;
  Priez, petit enfant.

*

Je suis petit, et je l'écoute
La voix qui me dit de prier,
Que Dieu m'aime, que Dieu sans doute
D'en haut me voit m'agenouiller.
Je prie, et le Seigneur, j'espère,
Puisqu'il me sourit et m'entend,
Me gardera toujours ma mère
Et lui laissera son enfant.

XXIII

LA PARADE D'ARLEQUIN

Devant sire Arlequin en costume de fête,
    Bigarré des pieds à la tête,
    Et battant un pauvre Pierrot
Qui ne pouvait jamais s'esquiver assez tôt,
Des enfants du quartier la blonde clientelle,
    Eveillée avant le matin,
    Tous les jours faisait sentinelle
    Autour d'un théâtre forain;
    Le méchant avait le beau rôle;
    Pierrot leur semblait si niais
    Que des éclats de rire frais
Accompagnaient les coups pleuvant sur son épaule.
Octave, dans sa joie, à son père contant
La superbe parade où l'on s'amusait tant,
    Celui-ci tout-à-coup s'avise
    De demander quel tort il avait eu

Ce malheureux Pierrot pour être ainsi battu,
Vol ou mensonge, ou gourmandise?
— Mais vraiment, rien de tout cela,
C'est seulement sa bêtise .. voilà!
Il se laisse tout faire et souffre sans rien dire,
Tandis que l'autre a bien de l'esprit comme cent.
— Et cet esprit-là te fait rire!
Tu t'amuses de voir frapper un innocent :
Je ne l'aurais pas cru....
— Jamais à la parade
Je ne veux plus aller pendant ma promenade,
S'écrie Octave sur le champ.
— Et tu feras très-bien, mon petit camarade!
Reste bon, mon enfant,
C'est ainsi que je t'aime:
Alors qu'on rit du mal où se plaît un méchant,
On est déjà bien près d'être méchant soi-même.

XXIV

L'HABIT MILITAIRE

Mon bel habit militaire
Que m'a donné ma grand'mère,
Je vais le mettre demain.
A demain je voudrais être :
On ouvrira la fenêtre
Pour voir passer le gamin !

Cet habit-là me rend brave :
C'est un habit de zouave.
Rien ne m'arrête d'abord
Quand sur mon dos le gland flotte,
Quand j'ai la rouge culotte
Avec une ganse d'or.

Je suis fier : on me regarde !
Les chiens se tiennent en garde
De mon sabre, savez-vous...

Les grands soldats dans la rue
Entre eux disent à ma vue :
C'est un soldat comme nous !

Rien n'y manque, je m'en flatte :
J'ai le bonnet d'écarlate
Et deux galons sur le bras ;
La ceinture avec la veste,
La guêtre blanche et le reste,
Et je ne plaisante pas !

J'ai gagné la bonne place,
Je suis premier de la classe ;
Demain, les yeux pétillants,
J'aurai la croix à rosette,
La croix ! Et dans ma pochette
De quoi pour les mendiants.

Mon bel habit militaire
Que m'a donné ma grand'mère,
Sera bien plus beau demain.
A demain, je voudrais être :
On ouvrira la fenêtre
Pour voir passer le gamin !

XXV

LE BOUTON DE ROSE

Mère, vous savez bien, ce beau bouton de rose
    Odorant, velouté, vermeil,
Que j'allais chaque jour guetter à mon réveil
    En attendant que la fleur fût éclose?
Il ne s'ouvrira pas! Dedans s'était blotti,
    Un ver, mais un ver tout petit,
    Qui n'avait pas l'air de grand'chose;
    Eh bien! il a mordu, souillé
    Le calice à faire pitié.
    N'est-ce pas que c'est bien étrange?
    —Hélas! non, mon cher petit ange!
    C'est souvent ainsi chez les fleurs,
    Et souvent même encore ailleurs;
Car ces méchants vers-là, sont de plus d'une espèce :
Certains défauts logés dans le cœur des enfants
    Font des ravages aussi grands,

Et tu vois ce que leur dent laisse.
L'enfant dit : « Je veux sur-le-champ
Devenir bon ; si je m'expose
A l'affliger encor d'un caprice méchant,
Parle-moi du bouton de rose. »

XXVI

LES DEUX ÉCUS

Je dirai le mal et le bien
A propos du petit Lucien :
Il avait un charmant visage,
Mais n'était pas toujours très-sage
Sans le vouloir; et même exprès,
Sauf à s'en désoler après.
Bon petit cœur, mauvaise tête
A se mutiner vite prête,
Et non moins prompte à s'apaiser
Pour une caresse, un baiser,
On l'aimait : c'est la grande affaire,
Et c'est pour cela qu'il faut plaire.
Donc on aimait l'enfant partout,
Mais chez sa grand'mère surtout
On l'accablait de gâteries.
Or, Lucien, certain jour de l'an,

Enfoncé dans des rêveries,
Revenait chez lui d'un pas lent,
Se demandant à quelle emplette
Il emploîrait un gros écu
Dansant au fond de sa pochette,
Que de grand'mère il avait eu.
Près de lui passe Petit-Pierre
Qui lui tend tristement la main,
Car on manquait dans la chaumière
De bois, d'habits, même de pain.
S'il l'eût vu plus tôt sur la route,
Lucien l'eût assisté sans doute.
Par malheur, juste en ce moment
Il venait merveilleusement
De trouver l'emploi de la somme :
Il en veut payer le pantin
En pourpoint de satin vert-pomme,
Qu'il a convoité le matin,
Alors que vide était sa bourse.
Ainsi fut fait au pas de course.
Mais sitôt qu'il se l'est donné
Aux dépens de la pièce entière,
Voilà qu'il est bien étonné
De ne penser qu'à Petit-Pierre.
Il l'a toujours devant les yeux ;
Le pantin lui semble odieux

A ce point qu'il s'en débarrasse
En le brisant de guerre lasse.
Il n'en est pas plus avancé,
Le souvenir fâcheux persiste :
A présent, c'est une voix triste,
Dont il est encor plus lassé,
Qui dit : « J'ai faim ! » à son oreille.
Ce mot funeste le poursuit,
Il l'entend même dans la nuit
Et va, sitôt qu'elle s'éveille,
Trouver sa mère tout chagrin ;
Conte l'histoire du pantin,
Demande un avis salutaire.
On ne sait ce que dit la mère,
Lucien souriait de nouveau.
Seulement à la promenade,
Pendant qu'il roulait son cerceau,
De camarade en camarade
On chuchotait : » Est-il malade ?
Il n'achète point de gâteau ! »
Beaucoup de fois, chose bizarre !
Ce fut de même : il n'en prit point,
Devenu tellement avare
Qu'on le voyait dans chaque coin
Recomptant son argent sans cesse,
Le regardant avec tendresse,

Pour avoir un écu complet
— Ce qui ne fut pas vite fait —
Se refusant toute dépense.
Mais aussi quelle récompense,
Quand il eut l'écu par bonheur,
De s'en aller chez Petit-Pierre
Porter la joie à la chaumière
Et la retrouver dans son cœur!

Lucien, en paix avec lui-même
Et bien sûr que le bon Dieu l'aime,
Etait payé de ses chagrins.
Pour un moment de cette joie,
— Fussent-ils habillés de soie, —
Il aurait donné dix pantins!

XXVII

LA FAUVETTE D'ISABELLE

Isabelle, pendant l'hiver,
S'en allait chaque jour nourrir une fauvette
    Avec son gâteau, miette à miette,
    Dans le fond du jardin désert.
  L'oiseau jamais ne se faisait attendre,
Sur la petite main accourait se placer ;
    L'enfant l'aimait d'amitié tendre
    Et ne pouvait plus s'en passer :
Le printemps reparu, vainement Isabelle
    Un matin l'attend et l'appelle,
    Fauvette ne revint jamais.
La pauvre abandonnée, en peine désormais,
Se demandait souvent : « Contre moi qu'avait-elle ? »
  — Rien que ceci, ma belle enfant,
Qu'ailleurs ayant trouvé plaisir et nourriture,
    Sitôt qu'a cessé la froidure

Elle a pris son vol triomphant,
Sans s'occuper de toi, — surprise amère !
Ton seul tort c'est qu'il a fait beau :
Ce qu'elle aimait en toi, c'est ton gâteau.....
Et ce n'est pas ainsi qu'il faut aimer ta mère.

XXVIII

LA DOUBLE PRIÈRE

Un enfant, à genoux à côté de sa mère,
Dans le livre divin épelait lentement.
C'était, le soir venu, l'heure de la prière,
    Tous deux la disaient doucement.

La lumière glissant sous le rideau peut-être,
Un pauvre vint frapper à la vitre en passant.
La mère se leva pour ouvrir la fenêtre;
    Ce dont fut surpris l'innocent :

« Tu m'as dit qu'il ne faut jamais qu'on se dérange,
En priant, pour que Dieu se rende à notre voix;
Ne t'en souvient-il plus? » — Si fait, mon petit ange,
    Mais donner c'est prier deux fois.

XXIX

LA PLANTE DU JAPON

« Qui m'a découronné la plante rare et belle
Dont à peine s'ouvrait le grand calice bleu?
Marguerite?.. mais non, non, c'est vous, Isabelle :
   Cette rougeur est un aveu.
J'avais bien défendu de toucher à ma plante,
L'avoir brisée ainsi, c'est d'une enfant méchante,
   Qui n'est pas digne de pardon. »
Isabelle se tait, et la voilà menée
   Jusqu'à sa chambre, et condamnée
A ne plus ce soir-là reparaître au salon,
   Dont le grand lustre déjà brille,
Où va se réunir justement la famille
   Autour d'un superbe gâteau.
Cousines et cousins arriveront bientôt.
Marguerite descend, sa toilette finie;
Elle appelle sa sœur. Isabelle est punie,

Pour avoir brisé, lui dit-on,
La belle plante du Japon.
Marguerite à l'instant vers sa mère s'élance :
« La coupable c'est moi ! C'est moi qu'il faut punir,
Isabelle peut revenir.
Comme elle doit pleurer ! »

— Par quelle pétulance
As-tu fait ce malheur ? Dans quel endroit ? Comment ?

— Qui..., moi..., je ne sais trop....

— Ma douce Marguerite,
Tu ne sais pas mentir, même par dévoûment.
Je pardonne à ta sœur, va la chercher bien vite...
Ne réponds rien ! Ce n'est pas toi.

— Isabelle non plus ! C'est moi,
Dit la voix tendre du grand-père,
Entrant une corbeille embaumée à la main ;
C'est moi qui, ce matin,
Ai dévasté la serre,
Et pour leurs fronts chéris cueilli toutes les fleurs. »

Comme on embrassa les deux sœurs !
Comme j'aurais voulu les embrasser moi-même,
Cœurs charmants, l'un pour l'autre empressés à s'offrir,
Qui sentaient qu'on peut tout souffrir
Hors le chagrin de ce qu'on aime !

XXX

LE CERISIER

Un cerisier déjà vermeil
Et resplendissant au soleil,
Recevait des oiseaux la fréquente visite.
Les rameaux se dégarnissaient,
Les cerises disparaissaient;
Ce dont s'indignait fort une belle petite,
Qui protégeait les fruits aux brillantes couleurs,
Et voulait que l'on mît à mort tous les voleurs.
Un matin, contre l'arbre oubliant son échelle,
Le jardinier laisse au jardin,
Toute seule l'enfant, petit oiseau sans aile;
Quelle joie! A son tour elle y va d'un tel train
Que de mille moineaux la plus ample dînette
N'aurait pas fait place si nette;
Elle y serait encor, je crois,

Si sa mère arrivant, avec sa douce voix
N'eût arrêté l'enfant aux oiseaux si cruelle ;
« Faut-il que l'on te mette à mort aussi, dit-elle ? »

XXXI

L'ÉCHANGE

Un petit pâtre, à qui la vie était bien dure,
   Qui supportait et soleil et froidure
Pour gagner à grand'peine un morceau de pain noir,
     Avec une veste de serge,
       Debout un soir
     Devant la porte d'une auberge,
     Regardait d'un air envieux
Un beau jeune homme entouré de fourrure,
   Qui se faisait dans sa voiture
Apporter pour souper ce qu'on avait de mieux.
« Qu'il est heureux! disait sans remuer les lèvres,
    De Dieu seulement entendu,
    L'humble petit gardeur de chèvres;
    Dans ce grand carosse étendu,
Il a tout souhait; tandis que le dimanche,
   — Dieu n'est pas juste en vérité —

Moi, je n'ai même pas une chemise blanche
  Et du pain bis à volonté.....»
Ce que pensait l'enfant qui dans son cœur murmure
  Etait écrit sur sa figure,
  Page vivante où par hasard
Du jeune voyageur s'arrêta le regard,
  Et qu'il n'eut pas de peine à lire.
  Il sourit d'un triste sourire,
  Et fit signe au petit berger
  De s'approcher de la berline.
  «Veux-tu, lui dit-il, échanger
Ton sort contre le mien? Je prendrai ta houssine,
  Toi mon carosse».— Oh, je crois bien
  Que je le veux, même au plus vite;
  Prenez mes sabots et mon chien,
  Je vais monter là tout de suite.
  — « En échange de celles-ci
  Je prendrai tes jambes aussi ! »
  Fit l'étranger qui lui découvre,
  Sous la fourrure qui les couvre,
Deux jambes dont l'enfant a dégoût d'approcher.
Le beau jeune homme, hélas! ne pouvait pas marcher,
  Paralytique de naissance.
  Mathurin n'est plus si pressé
De se mettre à sa place et garde le silence,
  Interdit et le front baissé.

Il est clair que son avis change.
« Si Dieu l'avait permis cet impossible échange,
　　Dit l'infirme à l'enfant confus,
　　A présent tu n'en voudrais plus ;
　　Tu vois que ta part est la bonne. »
Il ne se trompait pas. Mathurin qui frissonne
　　Sauta lestement de l'essieu,
　　Bien guéri d'envier personne ;
　　A l'infortuné dit adieu,
　　Et d'un pied léger, d'un cœur ferme,
　　Reprit le chemin de la ferme,
　　Ne se plaignant plus du bon Dieu.

XXXII

LE LINOT

Dans un nid de linots glissant sa main blanchette,
    Il arriva qu'une fillette
En prit un, l'éleva, ne se fit pas un jeu
De tourmenter l'oiseau, qui de l'horizon bleu
        Et de son berceau sous l'ombrage
        Cessa bientôt de retenir
        Le regret et le souvenir.
    L'enfant ne fermait plus la cage,
Le linot voltigeait partout en liberté.
Certain beau jour d'avril, qu'il avait profité
        Du printemps en train de renaître
Pour jouir du soleil au bord de la fenêtre,
    Un autre oiseau vient à passer,
Appelle celui-ci, se met à le tancer ;
       — Que faisais-tu là, téméraire ?
    Rester si près d'une maison !

Crains la cage, affreuse prison,
Dont m'a souvent parlé ma mère.
— J'en sors, lui répond le linot.
— Se peut-il? Fuis donc au plus tôt,
Reprend l'autre effrayé. — Non pas; c'est un doux gîte,
Et j'y veux retourner. — Adieu donc, pauvre sot;
Vive la liberté sans frein et sans limite ! »
Il s'envole au buisson en fleur.
Gare au filet de l'oiseleur !
Mais ce n'est pas là notre affaire.
La fillette pendant ce temps,
Vite accourue, ainsi qu'à l'ordinaire,
Attendait son ami, disparu dans les champs.
— « Où donc est-il?... Est-ce qu'il m'abandonne ?
Disait-elle, en pleurant tout bas.
Je ne l'enfermais point. Je ne l'attachais pas,
Ne le verrai-je plus?... »

      — Sèche tes yeux, mignonne,
Voici ton linot, tu le tiens.
Comme il te rend, joyeux, caresse pour caresse !
Sa cage peut rester grand'ouverte sans cesse :
Le plus sûr de tous les liens
Tu ne te trompais pas, enfant, c'est la tendresse.

XXXIII

L'AVEUGLE ET L'ENFANT

Un vieillard, d'une main débile
Tendait aux passants sa sébile.
C'était un pauvre aveugle; il n'avait pour soutien,
Pour compagnon et pour ami qu'un chien
Qui guidait sa marche pénible.
Près de lui se tenait, debout mais invisible,
Un ange du ciel bleu par Dieu même amené.
Ce qu'on donnait au pauvre abandonné
L'ange était chargé de l'écrire,
Pour que Dieu s'en souvînt et le rendît un jour
Dans son beau paradis.   Au coin du carrefour
Passe un enfant joyeux que l'on entendait rire
Avec sa mère. Il tenait un gâteau;
— Ne veux-tu pas, dit-elle, en donner un morceau
A cet infortuné courbé sous la misère?

L'enfant répond : « Non, je n'en ai pas trop ! »
Une larme brilla dans les yeux de la mère.
— Vois, fit-elle d'un ton pressant,
Comme il est triste et vieux, comme sa tête penche;
Va lui porter du moins, en l'embrassant,
Une petite pièce blanche.
— Je n'en ai qu'une ! objecte encor
L'enfant s'éloignant au plus vite.
— Apportez alors tout de suite
A l'aveugle une pièce d'or,
Vous en avez deux, fit la mère. »
Cette voix était si sévère
Qu'il fallut obéir. Dans la tasse de bois
Un peu d'or fut jeté pour la première fois,
Et le pauvre bénit l'enfant pour son aumône.
Mais le bel ange aérien
Sur son livre n'écrivit rien ;
La charité n'était pas bonne,
Le céleste regard s'en était détourné.
Dieu ne voit pas que la main donne
Lorsque le cœur n'a pas donné.

XXXIV

LE JEU DE CAMILLE

Elle n'avait pas peur du feu, l'enfant rieuse.
Elle était toute seule au salon et joyeuse;
  Elle n'avait pas peur du feu.
Mais quel plaisir aussi de tourmenter la braise,
Sous un fin duvet gris étendue à son aise,
  Et d'y trouver soudain un jeu;

De faire du soufflet un ouragan descendre
Qui rallume la flamme et disperse la cendre
  Loin des tisons qui vont briller;
Le voir aux coups taquins des massives pincettes.
Un tourbillon léger d'étincelles coquettes
  S'élancer, bondir, pétiller!

Sur le foyer désert l'imprudente s'incline.
Ceinture à nœud flottant, robe de mousseline,
  Du danger rien ne l'avertit;

Une étincelle folle au hasard se dérobe,
Atteint le ruban bleu, se glisse dans la robe...
  Tout-à-coup la flamme jaillit,

Agile, meurtrière, acharnée à sa proie,
Sans pitié! Joue en fleur, cheveux blonds, tout flamboie,
  L'enfant va-t-elle ainsi périr?
Non; mourante on l'arrache à la flamme cruelle.
Que de jours, que de nuits passés à côté d'elle
  A la pleurer, à la guérir!

C'est elle, n'est-ce pas, qui là-bas se promène,
Bleu ruban, robe blanche? On la soutient à peine;
  Sa mère sera fière encor
De l'entendre admirer aux vertes Tuileries,
Dans les rondes d'enfants, sous les branches fleuries,
  Quand reviendra le soleil d'or.

Non, ce n'est pas Camille. Un moment on hésite.
Le regard, effrayé, cherche ailleurs et bien vite
  Quelque petit visage frais.
C'est bien Camille, hélas! — Dérision amère! —
Camille affreuse à voir, que le cœur de sa mère
  Reconnaîtra seul désormais.

Elle n'avait pas peur du feu, l'enfant rieuse.
Elle était toute seule au salon, et joyeuse,
  Elle n'avait pas peur du feu.

Mais quel plaisir aussi de tourmenter la braise,
Sous un fin duvet gris étendue à son aise,
    Et d'y trouver soudain un jeu !

XXXV

LA SOURICIÈRE

Pourquoi dans ce vilain logis
Que tu destine aux souris,
Mets-tu de la blanche farine?
Ce n'est pas la peine, vraiment,
De les régaler, j'imagine.

— Mon enfant la souris est fine,
Mais très-gourmande... heureusement!
Pour qu'elle risque une sottise,
Pour l'attirer jusqu'aux anneaux,
Je compte sur sa gourmandise :
On n'est pris que par ses défauts.

XXXVI

LE NID SOUS LA FENÊTRE

Sous ma fenêtre j'ai le nid d'une hirondelle.
Je vais la regarder et lui dire bonjour
Sitôt qu'elle s'éveille et qu'un battement d'aile
      Vient me réveiller à mon tour.

Ma mère a défendu — chère petite mère!
De détruire le nid, toujours abrité là!
Que nous a confié la joyeuse étrangère
      Qui vint quand l'hiver s'en alla.

Elle s'effarouchait d'abord à l'instant même,
Cachait à mon aspect sa tête avec effroi ;
Mais elle s'apprivoise et voit bien que je l'aime,
      Et n'a plus du tout peur de moi.

Nous sommes deux amis : moi je guette pour elle
A l'entour des fruits murs les moucherons voleurs,

Les vermisseaux méchants de qui la dent cruelle
　　Se plaît à déchirer les fleurs.

Ses oisillons sont nés. Comme elle les caresse!
Vrai, ma petite mère à moi ne fait pas mieux.
Elle va, vient, repart, s'occupe d'eux sans cesse
　　A peine ont-ils ouvert les yeux.

C'est plaisir de la voir, sous ses ailes timides,
Réchauffer les pauvrets autour d'elle blottis;
Promener son bec plein parmi tous ces becs vides,
　　Et donner tout à ses petits.

Avec elle j'en ai pris soin dès leur naissance.
S'éloigne-t-elle un peu, j'arrive, s'ils ont faim;
Ensemble nous avons vite fait connaissance,
　　Ils mangent déjà dans ma main.

Quand ils seront grandis, au nid sous la fenêtre
Devenu trop étroit, ils voudront dire adieu;
Ils voleront si haut dans le ciel bleu peut-être
　　Qu'ils s'en iront jusqu'au bon Dieu.

Et Dieu qui comprend tout, comprenant leur langage,
Ils lui raconteront, gazouillant tour à tour,
Que je les ai nourris, que je suis bon et sage,
　　Afin que Dieu m'aime à mon tour.

XXXVII

LES PETITS PIEDS NUS

Sur le tapis l'enfant courait,
Petits pieds nus, tête en désordre ;
Tantôt riait, tantôt pleurait,
Tantôt faisait semblant de mordre.

Il ne veut pas, le chérubin,
— En dépit des ordres moroses
Qu'on lui donne à son grand chagrin —
Mettre des bas à ses pieds roses !

La mère gronde, attend un peu,
Tour à tour caresse et sermonne,
Dans ses bras tendre l'emprisonne ;
Mais il se raidit tant qu'il peut.

Au lutin gâté qu'elle adore,
Elle explique, les yeux mouillés,

Qu'il aura froid, ou bien encore,
Qu'il blessera ses petits pieds.

Il dit qu'il est bien plus à l'aise
Qu'avec ses vilains bas méchants,
Qu'il sent mieux le chaud de la braise,
Qu'il courra bien mieux dans les champs,

Toute sorte de choses folles...
Il se sauve ; débat complet !
Il n'écoute ni les paroles,
Ni les baisers : le jeu lui plaît.

Bref, à lui reste la victoire.
La mère, qui se lasse enfin,
Renferme les bas dans l'armoire,
Laisse en liberté le mutin.

Par la porte à peine entr'ouverte,
Il s'esquive avec ses joujoux ;
Met ses pieds nus dans l'herbe verte,
Ne prend pas souci des cailloux.

Comme il est fier avec sa pique
Et son grand sabre menaçant !
Passe une fourmi qui le pique
Et met son petit pied en sang.

Il pleure, surtout de colère;
Les fourmis mourront sous son bras!...
Mais avant d'entamer la guerre
Tout seul il avait mis ses bas.

*

« Toi de ceci, mon amour tendre,
Que dis-tu, riant à demi? »
— Que je te croirai sans attendre
La piqûre de la fourmi.

TROISIÈME PARTIE

FIN DE L'ENFANCE

I

L'ABANDONNÉ

C'est un enfant aussi ce petit être étrange
Qui se tient à l'écart, les pieds dans le ruisseau,
Les habits déchirés, les doigts couverts de fange,
    Plus effarouché qu'un oiseau.

De cheveux emmêlés son visage s'inonde,
Cheveux soyeux pourtant et doux à débrouiller;
Mais c'est le vent qui seul touche à sa forêt blonde,
Il n'a personne, lui, qui vienne l'habiller.

C'est un enfant aussi, mais il n'a plus de mère;
Il a faim bien souvent. Honteux, sombre, attristé,
Il ne sait pas jouer : la main de la misère
    Lui prend tout, même la gaîté.

Petits enfants joyeux, soyez sa providence!
Allez à lui, courez, dites : « C'est l'un de nous. »

Vous n'avez à donner que de votre abondance
A l'enfant sans amis, sans pain et sans joujoux.

Aimez-le! c'est encor l'aumône la plus grande.
Il se cache, il vous fuit; ne vous rebutez pas.
Aimez-le! c'est surtout ce que son cœur demande
    De vous, sans le savoir, hélas!

Donnez des mains, du cœur! Que son œil s'illumine,
Qu'il n'ait plus faim ni froid le pauvre abandonné;
Et lui, vous apprenant la charité divine,
Vous rendra plus encor que vous n'aurez donné.

II

LES BLUETS

« Mère, on ne m'aime pas! disait l'enfant chagrine,
Assise avec sa mère au pied d'une colline
      Couverte de blés jaunissants ;
Mère, on ne m'aime pas ! je le vois, je le sens ;
      Pourtant on aime ma cousine
      Qui n'est pas si sage que moi.
      Voudrais-tu m'expliquer pourquoi ? »
      — Auparavant, veux-tu me dire
Pourquoi de tous ces champs dorés par le soleil,
Alors que l'on croirait l'un à l'autre pareil,
      Il n'en est qu'un seul qui t'attire?
      — C'est, mère, à cause des bluets ;
Les autres n'en ont pas : je m'en détourne exprès.
      — Oui, mon enfant, c'est cela même ;
      Et ta sagesse, par malheur,

Ne ressemble que trop à la moisson sans fleur.
Fais-y vite germer, si tu veux que l'on t'aime,
Ces deux bluets charmants : la grâce et la douceur.

III

LA QUERELLE

Deux enfants dans un piége avaient pris un lapin.
Ils ne s'étaient jamais vus à fête pareille
Et l'emportaient, ravis, au fond d'une corbeille,
    Bien attaché dans l'osier fin.
L'un dit : « Je lui ferai faire une maisonnette
    Dans mon jardin. » — Vraiment, fort bien.
    Dans ton jardin ! Pourquoi pas dans le mien ?
    C'est là qu'il aura sa chambrette.
— Le crois-tu donc à toi ? — C'est moi qui l'ai surpris.
    — Le piége, c'est moi qui l'ai mis...»
    Là-dessus, dispute, colères,
    On se bat : deux amis, deux frères !
Le petit prisonnier les sut mettre d'accord :
Laissé, grâce au combat, libre de se débattre,
    Il parvint, redoublant d'effort,
    A dégager une patte d'abord ;

Puis deux ; puis trois ; enfin les quatre,
Et s'élançant d'un bond à travers la forêt,
S'en retourna brouter le serpolet.

IV

L'OISEAU GRIS

Laurence, un jour d'été, des gluaux à la main,
Près d'un bouquet de bois jouait avec sa mère,
    Et lui montrait avec dédain
Un oisillon sauvage et couleur de poussière
Qui vers le plus profond du taillis s'envolait.
    Elle disait : « Qu'il est donc laid !
Ce n'est pas sans raison, vois-tu qu'il se dérobe ;
    C'est qu'il a honte de sa robe.
Inutile, de plus, qu'on cherche à l'écouter,
Il se tait : c'est bien sûr qu'il ne sait pas chanter.
    Si je le prends dans sa cachette,
    Il faudra le mettre en brochette,
    Il n'est vraiment bon qu'à cela. »
    — Tu crois ? fit la mère... Voilà
    Le soir qui vient, je me sens lasse ;
    Je vais m'asseoir sous le buisson,

Cueille des fleurs dans le gazon
Et prends garde au troupeau qui passe... »
A l'instant s'élève une voix,
Mélodieuse et sans pareille,
Que l'enfant qui s'en émerveille,
Entend pour la première fois.
Sur la pointe du pied elle ouvre le branchage ;
Mais son regard fut bien surpris :
C'était le petit oiseau gris
Qui chantait ainsi sous l'ombrage.
Effarouché, vite il reprend son vol.
« Ce n'est pas tout que l'apparence,
Dit la mère à l'enfant ; ma petite Laurence,
Ressouviens-toi du rossignol. »

V

LA FILEUSE

LÉGENDE

D'où peut-il venir, ce fil argenté
    qui passe,
Dans l'air tiède de l'été,
A travers l'espace ?

Vers le pays des palmiers
Une femme sur sa porte
Filait, songeant aux deniers
Que chaque écheveau rapporte.
Sitôt l'aube, tous les jours,
La main tremblante et ridée
D'avarice possédée,
Sans repos file toujours,
Malgré fatigue et vieillesse,
Et le gain accru sans cesse

Qui ne la contente pas.
Près du seuil une étrangère,
Un frêle enfant dans les bras,
Humble, suppliait tout bas
De l'aider dans sa misère.
Elle venait de bien loin,
L'enfant mourait de besoin.
La vieille dit : « Je suis lasse ;
Filez une heure à ma place,
Après vous aurez du pain. »
Le fil a changé de main.
C'est vraiment une merveille
De voir comme le fuseau
S'arrondit et devient beau,
La fileuse est sans pareille.
— Il me faut une heure encor,
Dit l'hôtesse impitoyable,
Posant le pain sur la table;
Filez, filez : l'enfant dort. —
La fileuse recommence.
De ses pauvres bras lassés,
Pendant une heure en silence.
— Ce n'est pas encore assez,
Fait la vieille insatiable,
Otant le pain de la table :
Si vous en voulez avoir,

Il faut filer jusqu'au soir.
— Non, sortons d'ici, ma mère !
Dit l'enfant, je n'ai plus faim...
— Sortez ! répond la mégère,
S'emparant du fuseau plein.
Mais à la dure parole
Voilà le fil qui s'envole,
Le beau fil, si blanc, si fin !
L'avare se désespère,
Se traîne en vain sur leurs pas.
Qui donc était l'étrangère ?
On ne la connaissait pas.
Déjà la brume là-bas
Cachait le voile de serge....
Depuis, toujours a flotté,
Dans l'air tiède de l'été,
   Le fil de la Vierge.

VI

LE PANIER DE VIOLETTES

Le beau panier de violettes
Que tu t'es cueilli dans les bois !
— J'ai bien assez piqué mes doigts
Pour les trouver sous les branchettes
Et les épines du buisson !
— N'avais-tu pas des pâquerettes,
Des primevères à foison,
Du muguet à fines clochettes
Et des anémones aussi ?
— J'aime mieux ces fleurettes-ci.
— Pourquoi ?
        — Je ne saurais le dire ;
Mais je ne puis m'en empêcher. »

La mère se prit à sourire :
« C'est qu'il faut un peu les chercher. »

VII

LA BARQUE DES PÊCHEURS

Le vent mugit : c'est la tourmente.
Que Dieu sauve de ses fureurs,
Sur la vaste mer écumante,
La frêle barque des pêcheurs !

L'ouragan joue avec la quille
Qu'un effort vigoureux défend.
Ils sont trois sur cette coquille,
Un vieillard, un homme, un enfant.

« La tempête en vain nous assiége,
Disait le patron effaré :
Avec ma ceinture de liége
J'échapperai, j'échapperai. »

Le matelot pensait : « J'estime
Que ce vieux-là craint le danger ;

Moi, vaillant, je brave l'abîme :
Je sais nager, je sais nager. »

Il ne sait pas nager, le mousse,
Il n'a pas de ceinture, lui ;
Et pourtant à chaque secousse,
A chaque éclair nouveau qui luit,

Il n'a pas peur, l'enfant ! Il prie ;
Il dit à Dieu, dans sa candeur :
« Je vois bien la vague en furie.
Mais je vous vois aussi, Seigneur.

Pas un seul cheveu de ma tête
Ne tombera sans votre aveu ;
De l'écueil et de la tempête
Vous pouvez me sauver, mon Dieu ! »

Sur un rocher, près du rivage,
Le batelet craque et se fend.
Ils sont trois jetés sur la plage ;
Mais Dieu n'a sauvé que l'enfant.

VIII

LE VER LUISANT

Un ver luisant, petit bijou de l'herbe,
    Se trouvait tellement superbe,
    Qu'il s'ennuyait dans le gazon,
        Sous le buisson.
« N'être vu, disait-il, que de la marguerite
    Et du bouton d'or dans le pré,
Non, ce n'est pas assez quand on a mon mérite,
    Et qu'on est sûr d'être admiré.
    Cherchons quelque endroit qui permette
    Aux passants de m'apercevoir.
    Quel triomphe je vais avoir ! »
Un enfant l'aperçoit, s'en fait une amusette ;
L'attache à son chapeau, le pique à sa manchette,
Et le vaniteux meurt avant la fin du soir.

IX

LA COLOMBE MAGIQUE

Une Fée avait un Filleul,
Royal enfant, volontaire, indocile,
Plus gâté, certe, à lui tout seul,
Que tous les marmots de la ville.
Le roi, n'en pouvant plus enfin venir à bout,
S'en va trouver la Fée et réclame de l'aide.
Elle répond : « J'ai le remède :
Ne vous mêlez de rien, je me charge de tout ;
Demain matin qu'on me l'amène. »
Charmant — c'était son nom, nom bien peu mérité,
Quoiqu'il eût un bon cœur, le pauvre enfant gâté —
En pleurs est malgré lui conduit chez sa marraine.
Celle-ci doucement l'assied sur ses genoux,
Fait apporter son grand coffre à joujoux,
Lui permet de choisir ce qui pourra lui plaire.
Le petit Prince avec transport

Bat des mains et s'empare, oubliant sa colère,
    D'un blanc ramier dans une cage d'or
        Qui l'émerveille tout d'abord.
« Cet oiseau, dit la Fée, est un oiseau magique,
Précieux, mon enfant, mais gênant, despotique ;
Il suit partout son maître en lui parlant tout bas
Et dépérit sitôt qu'on ne l'écoute pas. »
Le mutin, fièrement dressant sa tête blonde,
        Répond : « Cela ne me fait rien ;
        Je l'emporte et je promets bien
Qu'il aura peur de moi, non moins que tout le monde.»
Le soir au Roi son père il manque de respect.
La colombe aussitôt lui lance un coup de bec
        En murmurant : « Tais-toi, j'ai honte. »
Charmant à répliquer avait la langue prompte ;
Mais il n'ose : il éprouve un sentiment nouveau ;
Si quelqu'un tremble un peu, non, ce n'est pas l'oiseau.
Bientôt il bat son page. A l'instant, de plus belle,
La colombe l'arrête en le touchant de l'aile.
Charmant — j'ai déjà dit qu'il avait le cœur bon —
Hésite, réfléchit, et demande pardon
Au page tout surpris. L'oiseau de tout se mêle,
    Sur tout se met à discourir.
    Charmant aime tant sa colombe,
    Il craint tant de la voir mourir
    Que plus jamais il ne succombe

Aux caprices méchants qu'il avait autrefois.
En écoutant l'oiseau fidèle
Des enfants du royaume il devint le modèle,
Et plus tard le meilleur des rois.

« Oh! que n'ai-je aussi, fit Maurice,
Un oiseau comme celui-là,
Qui me retienne, m'avertisse,
Et m'aide enfin comme cela !
Mon linot n'a pas de science,
Je suivrais ses avis, s'il essayait un mot. »
La mère de dire aussitôt :
« N'interroge pas ton linot,
Interroge ta conscience. »

X

LE SINGE ET LE CHIEN

Un singe voyait battre un chien, son camarade :
« Que c'est donc bien fait, disait-il,
Il est si rétif, ce Myrtil !
Faut-il rester en paix, Monsieur joue et gambade,
Veut-on qu'il coure, il se tient coi !
Oh! ce n'est pas ainsi que moi
Je me comporte ;
J'ai bien trop grand peur à mes os,
Et jamais le maître à mon dos
Ne parlera de cette sorte ! »
— Petit singe, c'est fort bien dit,
Mais il faudrait aimer moins le sucre candi,
Et de la gentille Fanchette
Vider moins souvent la pochette,
Ce qui met tout en pleurs la lutine aux yeux bleus.

Le père enfin se fâche et le bâton noueux
Tombe sur maître singe, hébété de surprise.
　　« Ce n'est pas Myrtil, disait-on,
　　Qui volerait un rogaton !
　　Guéris-toi de la gourmandise. »

　　Pour lancer de malins propos
　　Et pour jouir en bons apôtres
Du châtiment qu'on voit donner aux autres
　　Attendons d'être sans défauts.

XI

LE TOMBEAU DU GRAND-PÈRE

Tu ne te souviens plus de ton bon vieux grand-père?
Dans les pays lointains il avait fait la guerre.
Il avait pour soldats beaucoup de matelots,
Il faisait obéir les hommes et les flots.
Hormis Dieu, vois-tu bien, il ne craignait personne.
Nul ne lui résistait, si ce n'est toi, mignonne;
Mais il ne savait pas se fâcher contre toi.
Il mettait sur ton front de longs baisers sans nombre...
Maintenant il est seul, au fond d'un tombeau sombre,
    Viens le visiter avec moi.

Je ne lui dirai pas que sa petite fille
Devant son fauteuil vide, au cercle de famille,
L'oublie, et peut jouer sans songer un instant
A l'ami sans pareil, hélas! qui l'aimait tant.
Je ne lui dirai pas cette chose cruelle;
N'est-ce pas qu'à présent ton cœur se le rappelle? .

— « Oh! mère, fit l'enfant, viens, partons toutes deux;
Descendons par la grève et par le chemin creux.
Je n'ai tardé que trop; courons, courons bien vite.
Pour lui rendre plus gai ce tombeau qu'il habite,
— Je ne saurai jamais y penser sans chagrins —
Je veux tout à l'entour planter des joncs marins :
C'était, tu me l'as dit, sa fleur de préférence;
Comme il les aimera venant de sa Laurence!
Mais pourra-t-il me voir? Dieu le permettra-t-il? »

Oui! Doucement ému, du ciel le vieux grand-père
Voit Laurence à genoux prier près de sa mère,
  Et les joncs fleurir en avril.

XII

LA BALANÇOIRE

Un joli moucheron qui commençait à peine
    A voltiger d'un vol peu sûr,
    En s'en revenant de la plaine
Vit un objet nouveau dans l'angle d'un vieux mur :
    Une toile qui se déploie,
    Et flotte au vent légèrement
    Comme un petit hamac de soie.
    « Pour me reposer un moment
Voilà mon fait, dit-il ; la charmante surprise !
    Je ne suis pas comme l'oiseau
Que j'ai vu ce matin sortir de son berceau :
    Il ne faisait rien à sa guise ;
Sa mère le suivait jusque même en ses jeux,
D'ici, de là, partout, du nid à la fougère.
On est contrarié toujours par une mère,
    Je n'en ai pas : ce n'est pas malheureux.

Que cette balançoire est fine et bien soignée !
　　Donnons de l'aile... » Il va donner
　　Dans la toile de l'araignée,
　　Laquelle en fit son déjeuner.

XIII

UN JOUR D'OUBLI

Hélène pleure auprès d'une cage entr'ouverte :
    Là gît, hérissé, froid, inerte,
    L'oiseau d'Hélène, un bengali
Si bien apprivoisé, qu'il avait pris le pli
De manger dans sa main, de se glisser de l'aile
    Sous son blanc rideau de dentelle
    Pour l'éveiller chaque matin.
    Oublié de la main connue
Un jour, rien qu'un seul jour, il est resté sans grain,
Par la faute d'Hélène — et la mort est venue!
C'est en vain que l'enfant, dans son chagrin profond,
    Pour le sauver donnerait tout au monde,
    Oui tout, jusqu'à la tresse blonde
    Qui couronne si bien son front ;
Il ne reviendra plus voltiger autour d'elle,
Pauvre petit ami, si doux et si fidèle :

« Et je ne l'oubliai rien qu'un jour, un seul jour... »
Disait-elle, en sanglots.
— Hélas! dis-je à mon tour,
Un jour, c'est long parfois, un instant même;
Plus d'un cœur, mon enfant, ressemble au bengali
Perdu pour un seul jour d'oubli :

N'oublions jamais qui nous aime.

XIV

JÉSUS ET L'ENFANT

LÉGENDE

Jésus, seul et pensif, marchait dans la campagne;
  Un enfant qui savait son nom,
  Cueillit une fleur du gazon,
Une fleur embaumée au vent de la montagne,
Et la lui vint offrir en lui baisant la main.
Or, comme il est écrit dans le livre divin
Qu'à Jésus nul ne fait la plus petite offrande
  Qu'au centuple il ne la lui rende,
Le Promeneur céleste, en respirant la fleur,
  A l'enfant dit avec douceur :
« Je dispose à mon gré des trésors de la terre;
  Demande le plus précieux,
  Je te l'obtiendrai de mon Père,
  De mon Père qui règne aux cieux. »

L'enfant lui répondit : « Je ne m'y connais guère,
Je pourrais me tromper, je croi,
O Jésus, choisissez pour moi..... »
C'était un orphelin, il lui rendit sa mère.

XV

L'OISEAU QUI PARLE

Certain oisillon savant,
Comme on en voit peu souvent,
Émerveillait le voisinage.
On faisait cercle à l'entour de sa cage.
Rose et Justin, restés à l'écouter,
Ne pouvaient pas tous deux s'entendre,
Malgré ce talent si nouveau,
Sur le mérite de l'oiseau
Que l'oiselier voulait leur vendre.
Rose disait : Qu'il est malin !
— Mais il ne chante pas ! lui répondait Justin.
— Chanter ! mon linot chante et n'en est pas plus fin :
Cet oiseau vaut cent fois les nôtres ;
Il apprend plus d'un joli mot.
— Tu vois donc bien que c'est un sot,
Répliqua son frère aussitôt,
Puisqu'il n'a que l'esprit des autres.

XVI

LE PRISONNIER

Papillon aux ailes bleues,
Qui m'as fait courir des lieues,
Tu croyais au bord du champ
T'enfuir encor de plus belle :
Mon pied vaut mieux que ton aile :
Je te tiens, petit méchant.

Comme à présent tu palpites
Et pour m'échapper t'agites,
Tout éperdu de terreur !
Moi qui retiens mon haleine,
Qui t'ose toucher à peine,
Je te fais donc bien grand peur ?

Ne crains rien de ma main douce ;
Les oiseaux des nids de mousse
Me connaissent mieux que toi :

Je vois les petites têtes,
A se cacher toujours prêtes,
Qui se lèvent devant moi.

Si je t'ai pris sur la branche
Du buisson d'épine blanche,
C'était pour t'admirer mieux ;
Du Paradis, j'imagine,
Tu viens droit dans l'aubépine
Avec le printemps joyeux.

Ta frayeur, hélas! persiste;
Je ne veux pas te voir triste :
Retourne sur le sillon.
Guetter les fleurs près d'éclore !
Un baiser — un autre encore....
Adieu, petit papillon.

XVII

LES DEUX CAILLOUX

LÉGENDE

Une croix s'élevait sur le bord d'un chemin.
Au pied était assis, seul et tendant la main,
Un mendiant aveugle, habitant de la route.
C'était là que sa vie, hélas! s'écoulait toute.
Il remerciait Dieu quand il avait du pain;
Quand il n'en avait pas il l'adorait encore,
   Aussi Dieu touché l'aimait-il.
Du bourg le plus voisin, réveillé dès l'aurore,
  C'était la fête, — un doux matin d'avril,
Pour l'infirme joyeux jour de grande recette.
   Les dons pleuvent dans son chapeau;
   Le riche fermier du château
Vient d'y laisser tomber une blanche piécette.
Léonard l'aperçoit; — un méchant garnement! —
Il n'a pas peur de Dieu, même à sa mère il ment.

Derrière la croix il se glisse,
Du chapeau sans défense approche à pas de loup,
Et substitue à la pièce un caillou,
Disant tout haut : « Dieu vous bénisse ! »
Voler le pauvre et le railler !
Pour le méchant c'est double joie.
Il court vite aux rubans de soie
Que promène le rubanier ;
C'est à fixer son choix seulement qu'il hésite :
Pas de danger, pas de témoin ;
Nul ne l'a vu, — hormis l'œil qui n'est jamais loin.
Mais quand il veut payer sa dépense maudite
En vain il cherche et cherche bien,
Dans sa poche il ne trouve rien,
Qu'un caillou, tout petit d'abord et puis énorme,
Qui de la pièce prend la forme.
Léonard, la sueur au front,
Veut le jeter bien loin, mais le caillou tient bon,
S'incruste dans sa main difforme.
Il le traîne en tout lieu ; nul ne peut l'arracher ;
Il ne sait plus où se cacher...
Honni, se soutenant à peine,
L'épouvante enfin le ramène
Au pied de la croix, à genoux,
Avec des pleurs sous la paupière....
Et le pauvre infirme, humble et doux,

Descendant des marches de pierre
Pour l'embrasser sur le chemin,
Ota le caillou de la main
Qui se levait pour la prière.
Seulement Léonard, hélas!
Garda toujours — fatal emblème! —
Une trace, une marque blême
Que ses pleurs n'effacèrent pas.

Ne faites pas le mal, enfants joyeux que j'aime,
Lorsque vous serez grands, restez bons, soyez forts,
Puisque le pardon de Dieu même
Ne peut délivrer du remords.

XVIII

LES VRAIS AMIS

« Je n'aime plus du tout, mère, les hirondelles,
Il n'en faut plus laisser nicher auprès de moi. »
— Ma chère enfant, quel dépit! Et pourquoi?
    Toujours vers toi, battant des ailes,
    Elles s'empressent d'accourir.
    Tu te plaisais à les nourrir.....
    — C'est justement pour cela, mère :
Je les aimais, elles ne m'aimaient pas;
    Les vois-tu qui partent là-bas
Pour s'en aller bien loin, m'a dit mon frère?
— Attends un peu; les beaux jours revenus,
    Elles reviendront. — Peu m'importe!
    Ces oiseaux que l'hiver emporte,
    Mère, à présent je ne les aime plus.
— Tu n'as vraiment pas tort, ma petite Isabelle,

Le printemps radieux ne dure pas toujours :
　　Les vrais amis au cœur fidèle
　　Sont les amis des mauvais jours.

XIX

PAQUES-FLEURIES

« For that promise, spare the flower. »
WORDSWORTH.

Enfants, voici Pâques-fleuries !
Sur les tapis verts des prairies,
Diaprés de mille couleurs,
Courez ! Le printemps se réveille.
Du printemps pillez la corbeille ;
Courez, enfants, cueillez des fleurs.

Atteignez l'épine hâtive,
Qui toujours la première arrive,
Blanche au milieu du buisson noir ;
Mêlez la blonde primevère
A la véronique éphémère
Que l'aube ne doit plus revoir ;

Prenez au bord de l'eau dormante
L'iris, avec sa jaune mante,
Bizarrement déchiqueté;
Penchez-vous jusqu'à la fleurette,
Miette d'azur, qui semble faite
Avec le bleu d'un ciel d'été.

Dépouillez les coteaux, les plaines,
Les ruisseaux : fauchez à mains pleines,
Joyeux, bondissants, jamais las.
Cherchez, courez, cueillez encore !
A vous tout ce qui vient d'éclore,
Mes charmants petits Attilas :

A vous l'anémone de neige,
L'odorant muguet que protége
Le taillis à peine feuillé ;
A vous le bouton d'or qui tremble
Sur sa tige frêle, et qui semble
Un joyau dans l'herbe oublié ;

A vous les fraîches pâquerettes
Au front pourpré, les violettes
Ecloses partout sous vos pas ;
Mais cette fleur blanche et petite
Qui des bois borde la limite,
N'y touchez pas ! n'y touchez pas !

Les autres, sans rien laisser d'elles,
S'effeuillent, n'étant rien que belles,
Charme inutile du regard.
Fauchez, moissonnez à la ronde,
N'épargnez que la fleur féconde
Qui sera la fraise plus tard.....

Enfants, voici Pâques-fleuries !
Sur les tapis verts des prairies,
Diaprés de mille couleurs,
Courez ! Le printemps se réveille.
Du printemps pillez la corbeille ;
Courez, enfants, cueillez des fleurs.

XX

CAUSERIE DU MATIN DE NOEL

« Grand'mère, montrez-moi ce que pendant la nuit
Le bel Enfant-Jésus vous a porté sans bruit.
Peut-être une poupée ? Oh ! montrez, montrez vite.

— Mon ange, Il a passé sans me rendre visite :
C'est aux petits souliers qu'il pense seulement.

— Oh ! comme je vous plains ! Lorsque je serai vieille,
Il ne viendra donc plus, songeant à moi, m'aimant,
Chaque soir de Noël, sitôt que je m'éveille,
Me donner des baisers, m'apporter des joujoux ?
Je ne veux pas vieillir, grand'mère, entendez-vous ?

— Enfant, quand ta vieillesse aura courbé ta tête
Tu n'auras plus souci qu'à ta porte Il s'arrête
Avec les beaux joujoux qu'Il prodigue aujourd'hui :
C'est l'espoir et la paix qui te viendront de Lui.

Un élan de ton cœur alors pourra suffire
Pour l'amener du ciel, main pleine, auprès de toi :
Malgré mes cheveux blancs, si tu me vois sourire,
C'est que l'Enfant Divin me visite aussi, moi.

XXI

LE JONGLEUR CHINOIS

Venez, mes deux lutins, m'écouter en silence :
Il s'agit d'une fable au sens mystérieux.
De celui d'entre vous qui comprendra le mieux
Ce beau Jongleur chinois sera la récompense.

Un chardon épineux qu'on craignait de toucher,
    Dont on n'osait même pas s'approcher,
        Enviait une marguerite
        Qui s'entr'ouvrait dans le gazon,
            Sous le buisson.
Elle n'a pas d'épine, elle plaira bien vite,
        Pensait-il, et non sans raison ;
        Car à l'instant vers la fleurette
Une fillette court avec ravissement,
        Et la met à sa collerette,
Sans donner au chardon un regard seulement.

Rien ne manquait à sa disgrâce,
Il eût voulu broyer ses dards de hérisson.
Une heure après l'enfant repasse,
S'en retournant à la maison ;
Mais elle n'avait plus de fleur à son corsage :
Les jeux l'avaient brisée ; un reste de feuillage
Marquait seul sa place aux regards.
« Oh ! oh ! fit le chardon, à grand tort je m'afflige ;
Me voici debout sur ma tige,
Je ne me plains plus de mes dards. »

— Eh bien, père, cela veut dire
Qu'il est bon d'être craint, fait Jules, qui s'admire
D'avoir si bien trouvé. Lorsque je serai grand,
Moi, je veux qu'on me craigne.

— Et toi, petit Gontran ?
— Père, eh bien, je crois tout de même
Que moi, j'aime encore mieux qu'on m'aime.

— Mon cher enfant, à toi le beau Jongleur :
Jule a montré son esprit, toi ton cœur.

XXII

LES TROIS PRIÈRES

LÉGENDE

Au pied d'un simple autel, où brûlait un beau cierge,
Trois prières montaient ensemble vers la Vierge ;
  Trois jeunes filles à genoux
Se trouvaient à la fois au pieux rendez-vous.

La première disait : « O Vierge tutélaire,
  Ce beau cierge qui vous éclaire
  C'est moi qui viens de l'apporter ;
  Seule, j'ai voulu le porter,
  Quoiqu'il m'ait mise tout en nage.
  Si je demande un grand bienfait,
  Voyez pour vous ce que j'ai fait,
  Et récompensez mon courage. »

La seconde disait : « Belle Reine des cieux,
    Considérez, je vous en prie,
    Ce diadème précieux,
Dont je veux couronner votre image, ô Marie !
    Il en tombe un voile de lin,
Les fleurons sont d'argent et le fermoir d'or fin ;
    J'ai choisi la perle entre mille :
    Certe, à rien je n'ai regardé,
    Et pour vous je l'ai commandé
    Au bijoutier le plus habile.
Jusqu'ici de bien loin il m'a fallu venir,
    N'implorant qu'une seule grâce ;
    Pour vous toucher, pour l'obtenir,
    Que mon présent parle à ma place ! »

La troisième — c'était un enfant presque encor,
Un front déjà pâli sous de longs cheveux d'or, —
La troisième disait : « O ma douce patronne,
    Le peu que j'ai je vous le donne,
    Et je vous donne aussi mon cœur..... »
Puis, ôtant de son doigt sa bague sans valeur,
Une bague d'étain, elle fit son offrande,
    N'espérant qu'en la bonté grande
De Celle qui connut comme elle la douleur.

Toutes les trois ainsi priaient dans la chapelle,
    Quand soudain l'autel resplendit,

Et voilà que l'on entendit
Une voix qui disait : « Je viens vers qui m'appelle !
Et debout, la Vierge immortelle
Apparut dans un flot de rayons, de parfum :
« Des trois vœux que je viens d'entendre,
Mon divin fils, pour moi si tendre,
Me permet d'en écouter un.
Doncques j'exaucerai la prière de celle
Qui m'a fait aujourd'hui l'offrande la plus belle,
Car un cœur était avec elle ;
Je l'emporte au ciel même..... » Elle étendit la main :
La Vierge avait au doigt l'humble bague d'étain.

*

ENVOI

A MARY F...

A toi je veux l'offrir cette naïve histoire ;
Sans effort tu pourras y croire :
De l'enfant qui toucha la mère du Sauveur
N'as-tu pas le doux nom, la grâce, la candeur ?
Que Dieu l'écoute aussi ton cœur fidèle,
Sous son regard toujours ouvert !
Comme elle tu n'as pas souffert,
Pourtant tu sais prier comme elle.

XXIII

LES FLEURS DE L'EAU

« Revenez vite, enfants ! venez, je suis peureuse,
Les rochers sont glissants et la rivière est creuse... »
   Ainsi parlait la grande sœur ;
   Mais la voix pleine de douceur
N'arrêtait pas la troupe aventureuse.

Ils étaient trois, tous trois charmants, tous trois joyeux.
   Le plaisir riait dans leurs yeux,
   Riait sur leurs lèvres mutines ;
Tous trois voulaient cueillir de leurs mains enfantines,
   Entre les branches d'un bouleau,
   Un nénuphar flottant sur l'eau.

« Revenez vite, enfants! venez, je suis peureuse ;
Les rochers sont glissants et la rivière est creuse... »
   Ainsi parlait la grande sœur ;
   Mais la voix pleine de douceur
N'arrêtait pas la troupe aventureuse

Le plus petit, tout fier, enfin saisit la fleur,
   Eblouissante de blancheur,
   Aux corolles des lys pareille.
Pour mieux voir de plus près la fragile merveille,
   Les autres se sont rapprochés,
   Et sur l'eau se tiennent penchés.

« Revenez vite, enfants! venez, je suis peureuse ;
Les rochers sont glissants et la rivière est creuse .. »
   Ainsi parlait la grande sœur ;
   Mais la voix pleine de douceur
   N'arrêtait pas la troupe aventureuse.

Le bel ange, tenant sa conquête à la main,
   Chancelle..... et la mère demain
   Appellera la tête blonde,
Et rien ne répondra — rien que le bruit de l'onde.
   O Dieu, ne laissez plus s'ouvrir
   Ces fleurs de l'eau qui font mourir !

« Revenez vite, enfants! venez, je suis peureuse ;
Les rochers sont glissants et la rivière est creuse... »
   Ainsi parlait la grande sœur ;
   Mais la voix pleine de douceur
   N'arrêtait pas la troupe aventureuse.

A MONSIEUR LE VICOMTE H. DE LA VILLEMARQUÉ

XXIV

LE VIEUX GARDE

Avez-vous rencontré Camille,
Robe blanche et cheveux flottants?
C'est la perle de la famille;
Vienne avril, elle aura sept ans.

Où s'en va-t-elle ainsi furtive
Par le sentier désert là-bas,
Ainsi qu'une biche craintive
Se retournant à chaque pas;

Ou s'élançant à perdre haleine,
Sans cueillir le long du chemin
La primevère ouverte à peine
Qui toujours attire sa main?

La belle enfant — que Dieu la garde
Et sèche ses larmes bientôt! —
Elle s'en va chez le vieux garde
Qu'hier on chassa du château.

Comme il sanglottait à la porte
Ne doutant plus de son malheur!
Ce qu'il a pu faire, il n'importe :
Elle partage sa douleur.

C'est son ami, son camarade;
Il l'a portée entre ses bras
Souvent, quand elle était malade,
Et petite, et ne marchait pas.

L'autre été, jusque dans l'eau creuse,
Pour elle il est allé saisir
La blanche fleur aventureuse
Qui flottait loin de son désir.

Et les nids apportés pour elle!
Et les beaux contes dits cent fois!...
La pauvre enfant au cœur fidèle
Sans peur a traversé le bois.

Accoudé sur un bout de table,
Entre ses mains cachant son front,
Le vieillard que le sort accable
Se livre à son chagrin profond.

Camille entre avant qu'il l'ait vue.
Deux petits bras sont à son cou ;
Une douce voix bien connue
Vient le consoler tout-à-coup :

« C'est moi ! Dès l'aube j'étais prête ;
Je te promets ta grâce, va !
C'est demain le jour de ma fête,
Je ne veux avoir que cela.... »

Le père enfin l'a découverte,
Il tient son souffle suspendu :
Debout près de la porte ouverte,
Heureux, il a tout entendu.

Avez-vous rencontré Camille ?
Elle a pris le sentier là-bas,
Mais plus de pleurs : son regard brille,
Elle s'arrête à chaque pas

Pour retrouver la primevère
Dans les bois feuillés à demi,
Pour sourire encor à son père
Ou pour embrasser son ami.

Elle tient la main du vieux garde....
Et son père, je vous le dis,
Son père alors qu'il la regarde
Songe aux anges du Paradis.

XXV

LES CYGNES

Au milieu d'un gazon, verte et fraîche corbeille,
Deux cygnes s'ébattaient sur une pièce d'eau ;
    Et la jeune enfant du château,
    Qui de leur beauté s'émerveille,
Y venait tous les jours guetter les blancs oiseaux.
Nageurs en liberté, sans cage ni réseaux,
Elle aurait bien voulu, la charmante petite,
    Faire avec eux connaissance bien vite,
    Les caresser, toucher leur fin duvet ;
    Mais, hélas ! dès qu'elle arrivait,
Les cygnes effarés s'enfuyaient tout de suite.
    Isabelle en prit du chagrin,
    Et d'autant plus que Mathurin,
Le petit pâtre, était plus heureux qu'elle :
    Ils venaient manger dans sa main.
    Un jour la mère d'Isabelle,

En la voyant triste auprès du bassin,
Interrogea la pauvre délaissée,
Qui pleurait la tête baissée :
— Ne les aurais-tu pas tourmentés à dessein
Tout d'abord, ou grondés, menacés d'une pierre ?
La colère est, tu sais, mauvaise conseillère.
— Je leur parle toujours de ma plus douce voix.
— Leur as-tu de ton sucre apporté quelquefois ?
— Non ; mais je suis pour eux la bonté même.
Je leur dis : Je vous aime ! et les appelle en vain ;
Ils n'écoutent que Mathurin.
— C'est qu'il ne leur dit pas seulement : Je vous aime !
Il leur donne encor de son pain.

XXVI

LA GRAND'MÈRE

Qu'il faut l'aimer, la grand'mère,
La grand'mère aux cheveux blancs,
La grand'mère aux pas tremblants,
Qui tient à peine à la terre !

Elle dit : « Aimez-moi bien ;
Si je n'avais vos caresses,
Si je n'avais vos tendresses,
Enfants, je n'aurais plus rien. »

Pourtant c'est la bonne fée
Qui prévient tous nos désirs ;
Elle pense à nos plaisirs
Dans sa tristesse étouffée.

Quand nous répandons des pleurs
C'est elle qui nous console ;

Elle guérit sans parole
Par ses baisers nos douleurs.

Qu'il faut l'aimer la grand'mère,
La grand'mère aux cheveux blancs,
La grand'mère aux pas tremblants,
Qui tient à peine à la terre !

Elle dit : « Mes derniers jours
S'approchent, je suis usée ;
Bien des chagrins m'ont brisée,
Vous ne m'aurez pas toujours. »

Et vers nous elle se plie
En murmurant au bon Dieu :
« Pour eux j'ai peur de l'adieu ;
Par eux j'espère... et j'oublie ! »

Notre amour est son trésor,
Le doux rayon sur sa voie,
Notre amour est — quelle joie ! —
Ce qui la fait vivre encor.

Aimons-la bien, la grand'mère,
La grand'mère aux cheveux blancs,
La grand'mère aux pas tremblants,
Qui tient à peine à la terre !

XXVII

LES DONS DE LA FÉE

Il arriva qu'une Fée en voyage,
Très fatiguée et pourtant sans bagage,
— Sa baguette de tout pouvant lui tenir lieu —
S'endormit sous le beau ciel bleu.
Un petit oiseau gris vint se poser près d'elle.
Tout doucement, du bout de l'aile,
Il écartait les hardis moucherons
Du visage de la dormeuse,
Tandis qu'un frais rosier, roi pourpré des buissons,
Laissant de sa tige épineuse
Pendre, comme un rideau, le branchage fleuri,
Des rayons du soleil abritait la Péri.
Celle-ci, s'éveillant, à l'oisillon demande :
« Ne puis-je rien pour toi dans ma puissance grande? »
L'humble petit oiseau lui répond : « Je suis laid,
Et je n'ai pas de voix ; mon malheur est complet. »
— Je ne saurais pourtant te changer ton plumage

Dit la Fée et mon art ne va pas jusque-là ;
    Mais ne songe plus à cela,
    Nul n'y songera davantage ;
    Fier et joyeux, reprends ton vol,
    Va chanter dans ton nid de mousse :
    Désormais la voix la plus douce
    Sera la voix du rossignol.
Quand à toi, beau rosier dont l'ombre me protége,
A ta guirlande en fleur quel don ajouterai-je ?
    Je m'ingénie et cherche bien,
Mais, éclat et parfum, il ne te manque rien.
— Hélas ! fit le rosier qui parlait sans paroles,
Je vois jeter souvent mes plus fraîches corolles ;
Les petits promeneurs qui s'approchent de moi,
S'en éloignent, plaintifs, avec du sang au doigt ;
Je blesse, l'on me fuit...
                — C'est assez ; je devine,
    Dit la Fée au triste arbrisseau,
Je puis faire encor plus pour toi que pour l'oiseau :
    Deviens le rosier sans épine.

*

Comprends-tu, mon amour, ce conte d'autrefois ?
— Oui, mère. fit l'enfant avec sa douce voix ;
    Je le trouve bien charmant même,
    Et surtout pas du tout menteur ;
Il dit que les talents effacent la laideur,
Et qu'il faut être bon si je veux que l'on m'aime.

XXVIII

L'ARCHITECTE ET L'ÉGLANTINE

« Pour finir ma guirlande il me faudrait encor
  Père, une églantine à cœur d'or,
  Une rose toute petite.
  Veux-tu me la donner bien vite ?
 — Mon pauvre amour, je n'en ai pas,
Dit le père en baisant la chevelure brune
De l'importun chéri qui s'attache à ses pas.
  — Tu n'en as pas ? Fais m'en donc une
  Tout de suite.
      — Quelles raisons !
 — Mais tu sais bâtir des maisons
  Et les plus belles de la ville,
Me faire une églantine est bien moins difficile.
 — Pour les bâtir, ces beaux logis
  Dont toujours ton regard s'étonne,
Mon enfant, l'architecte a marbres et granits ;

La main divine les lui donne.
Mais Dieu s'est réservé l'étoffe de la fleur;
Seul il nuance sa couleur,
De son parfum seul il dispose.
Vois combien sont grands ses bienfaits,
Et combien devant lui nous sommes peu de chose :
L'homme peut construire un palais,
Il ne peut pas faire une rose.

XXIX

UNE LARME DU BON JÉSUS

LÉGENDE

Quand vous verrez la marguerite
Ne mettez pas le pied dessus,
Car elle est née, humble et petite,
D'une larme du bon Jésus.

C'était un jour d'hiver : sous la froide rafale
Une femme amaigrie, un pauvre enfant tout pâle,
Se traînaient lentement, épuisés par la faim.
Il ne leur restait plus qu'un seul morceau de pain,
    Et bien petit, une bouchée à peine.
La femme réchauffait l'enfant de son haleine
Et voulait lui donner le pain qu'elle tenait.
    C'était sa vie ainsi qu'elle donnait.
Mais l'enfant refusait, essayait de sourire,
Disait : « J'ai mangé hier, tu sais bien : c'est ton tour. »

La mère dans ses bras le serrait en délire,
Et tâchait vainement, forte de son amour,
De ses genoux raidis lui faisant une couche,
   D'entr'ouvrir la petite bouche.
Le céleste Envoyé passait par le chemin ;
   Il s'arrêta, toucha le pain,
Et leur dit, souriant à l'enfant, à la mère,
« Mangez-en tous les deux ! Il vous en restera,
   Et jamais il ne finira ;
   C'est la volonté de mon Père. »
   Il souriait, parlant ainsi ;
   Mais une larme descendue
Des yeux divins mouillait le sol durci,
   Et l'herbe, soudain revenue,
   S'étoila d'une simple fleur
   Qu'aucun printemps n'avait connue,
   Belle seulement de blancheur.

   Quand vous verrez la marguerite
   Ne mettez pas le pied dessus,
   Car elle est née, humble et petite,
   D'une larme du bon Jésus.

XXX

CHEZ GIROUX

Devant la riche étagère
Des plus merveilleux joujoux,
Un enfant, près de sa mère,
Etait assis chez Giroux.

La dame, de moire antique
S'habille dès le matin ;
L'enfant, non moins magnifique,
N'est que fourrure et satin.

Au frais chérubin qu'elle aime,
Par l'ennui tout attristé,
Elle vient chez Giroux même
Acheter de la gaîté.

— Veux-tu ce châlet de Bade,
Demandait la douce voix ?

— Non, disait l'enfant maussade,
J'en ai déjà cassé trois.

— Ce sorcier à toque verte
Avec tous ses attributs,
Et qu'on fait parler? — Non certe!
Cela ne m'amuse plus.

— Veux-tu ce nain mirifique?
Ce soldat sur son canon? »
Le petit mélancolique,
En baillant répondait : « Non. »

Rien pour lui n'a plus de charmes.
Du magasin défloré
Le bambin sortit en larmes,
Ainsi qu'il était entré.

La belle dame soupire :
Cet or qu'on croit si puissant
N'a pu rendre le sourire
Aux lèvres de son enfant.

Auprès d'eux un gamin joue,
Un gamin déguenillé ;
Le froid a bleuï sa joue,
Une averse l'a mouillé.

Vêtu d'une toile mince,
Moins difficile en joujou,
Il est heureux comme un prince
Avec un sifflet d'un sou !

Dieu, souriant sur sa route,
Pour lui non moins généreux,
L'a rendu, sans qu'il s'en doute,
Bien le plus riche des deux.

XXXI

LES DEUX AILES

Lorsque je vois si joyeux
Voler les oiseaux des cieux,
Je porte envie à leurs ailes,
Mère, et tout bas je me dis :
J'en voudrais bien deux comme elles
Pour aller au Paradis.

— Sois content, mon amour tendre,
Ces deux ailes tu les as !
— Mère, je ne les vois pas.

— Quand, priant Dieu de t'entendre,
Avec joie, avec candeur,
Tu lui répands tout ton cœur,
Cette prière humble et douce,
C'est une aile qui te pousse.

— L'autre? car il m'en faut deux.

— Quand tu vois des malheureux,
Quand ta petite main donne
Avec bonheur une aumône
Dont Dieu toujours se souvient,
C'est l'autre aile qui te vient.

XXXII

LE HANNETON

Un enfant s'amusait avec un hanneton.
De sa petite main, innocemment cruelle,
    Il lui brisait pour tout de bon
    Tantôt la patte, tantôt l'aile.
    Chaque fois que le mutilé,
    Traversé par un fil de soie,
    Dans l'air se tenait envolé,
Le tourmenteur charmant jetait un cri de joie.
Bientôt le hanneton pourtant ne bougea plus.
    Voyant ses efforts superflus,
L'enfant s'en va trouver sa ressource ordinaire,
    Qui toujours le tire d'affaire,
    Qui toujours sait le consoler.
« Mère, mon hanneton qui ne veut plus voler ! »
— Tu l'auras fait souffrir ? — Non, mère, je t'assure,
    De sa part, c'est malice pure.

Je le tourmentais bien un peu,
Mais, vois-tu, ce n'était qu'un jeu ;
Je l'aime plus que toute chose. »
Et l'enfant, dans sa main où le hanneton dort,
Le lui montre, couché sur des feuilles de rose.
— Mon enfant, dit la mère avec un peu d'effort,
Il ne faut pas, en jouant même,
Tourmenter jamais ce qu'on aime.
Pour toi, c'était un jeu — pour lui, c'était la mort.

XXXIII

RÊVE D'ENFANT

Je voudrais, mère chérie,
Comme au temps de la féerie
Que tu me contais un jour,
Par la magique baguette
Me faire à mon choix fauvette
Et fleur aussi tour à tour.

Quand l'aube commence à naître,
Je viendrais sous ta fenêtre
Chanter, petit matineux,
Caché dans un nid de mousse ;
Tu dirais : Quelle voix douce !
Et moi je serais heureux.

Je me ferais violette :
C'est la première fleurette
Que tu cherches dans les bois ;

Ou bien encore églantine ;
Mais je n'aurais pas d'épine
Pour ne pas piquer tes doigts.

Sous le ciel noir de décembre
Je me ferais, dans ta chambre,
Rayon pour te réchauffer ;
Je me ferais, quelle joie !
Pour te vêtir brin de soie
Et perle pour te coiffer ;

Ton ombre aussi pour te suivre,
Et pour te charmer le livre
Que tu lis les yeux mouillés ;
Je me ferais, double fête !
Petit coussin sous ta tête,
Epais tapis sous tes pieds.

Oh ! je voudrais, — peu m'importe ! —
Être tout ce qui t'apporte
Un seul instant de bonheur ;
Mais la féerie est chimère :
Je ne puis te donner, mère,
Que mes baisers — et mon cœur.

XXXIV

LA ROBE DE PEAU-D'ANE

Peau-d'Ane, malgré sa cassette,
Dut un jour porter des haillons,
Et ne plus oser qu'en cachette
Déplier sa robe à rayons.

Ne songeant à rien qu'à sa peine,
Au hasard, le long du chemin,
Elle allait, de par sa marraine,
Inconnue et tendant la main.

La pauvre enfant, jadis si fière,
Fut réduite à l'extrémité
De se faire, hélas! dindonnière;
Oui dindonnière, en vérité,

Et de cacher sous la peau brune
D'un affreux brouteur de chardons

Son bel habit couleur de lune...
De peur d'effrayer les dindons.

Ce conte-là me semble un mythe :
Ne dit-il pas qu'il faut songer
A souvent cacher son mérite,
A la fois trésor et danger?

C'était l'avis de la princesse ;
Elle subit plus d'un affront
Sans quitter cette peau d'ânesse
Qui mettait la honte à son front.

Mais la robe mystérieuse
Qui semblait ne servir à rien,
N'en était pas moins précieuse,
Et Peau-d'Ane le savait bien :

Car il est toujours, d'aventure,
Un jour— dût-il longtemps tarder —
Où par le trou de la serrure
Le fils du Roi vient regarder.

XXXV

A UN JEUNE AVEUGLE

Vous qui ne voyez plus, vous avez souvenance
Des traits de votre mère au regard triste et doux,
Des étoiles, des fleurs qui charmaient votre enfance
Et du soleil doré qui s'est éteint pour vous.

Votre cœur a gardé ces images chéries
Comme un point lumineux que rien ne peut ternir;
Et souvent vous laissez aller vos rêveries
Vers ce passé lointain, trésor de l'avenir.

Dans vos mains lentement votre tête s'incline,
Vous revoyez l'azur, le ruisseau, le gazon :
Au fond de votre nuit le monde se dessine
Comme à travers la brume apparaît l'horizon.

Vous souriez alors : un rayon luit dans l'ombre,
Et vous interrogez, vous voulez tout savoir.

On dirait qu'échappant enfin à la nuit sombre
Par les yeux de l'esprit vous essayez de voir.

Que verriez-vous, enfant? Le ciel bleu, si limpide
Dans votre souvenir, est nuageux souvent;
Votre mère à son front cache plus d'une ride,
Et la fleur se flétrit sous l'haleine du vent.

Rien à vos yeux fermés ne parle de la tombe!
Tout a gardé pour vous la fraîcheur du printemps;
Vous ignorez l'hiver : par un débris qui tombe
Vous n'avez pas compté chacun des pas du temps.

Qu'importe que tout passe, ou vieillisse, ou s'altère?
Ne doit-il pas rester jusqu'à son dernier jour
Le parfum à la fleur et l'amour à la mère!
Que vous faut-il à vous? Le parfum et l'amour.

Oh! ne vous plaignez pas, enfant, car Dieu lui-même
Vous guide! Il a posé le bandeau sur vos yeux;
Mais le plus grand bienfait qu'il garde à ceux qu'il aime
C'est de cacher la terre et de montrer les cieux.

XXXVI

ENVOI A MAURICE

Pour toi j'ai fait ce livre, ô mon ange que j'aime !
Souvent, petit poète, ignoré de toi-même,
Souvent tu l'as dicté, sans en soupçonner rien.
C'est le sourire ému de ma vieille sagesse,
  C'est le livre de la tendresse,
  C'est ton livre autant que le mien.

Lorsque Dieu, mon enfant, voudra que ta grand'mère
Te quitte pour aller, près de lui, je l'espère,
T'aimer encor, d'en haut sur toi veiller aussi,
Garde de son amour un souvenir fidèle !
  Son cœur ne mourra pas comme elle,
  Ressouviens-toi qu'il est ici.

    FIN.

TABLE

TABLE

A MON PETIT-FILS

PREMIÈRE PARTIE

		Pages
I.	Portrait de Maurice	9
II.	Le Petit Boiteux (légende)	11
III.	Retour d'avril	13
IV.	Le Gâteau de Marcel	15
V.	Auprès du Berceau	17
VI.	La Veille de Noël	19
VII.	Petite Mère, c'est toi	21
VIII.	Un jour de pluie	23
IX.	Causerie	24
X.	Le Dessert de Thérèse	26
XI.	Sans l'avoir vu	29
XII.	La Leçon de la Fleur	30
XIII.	L'Aïeule	32
XIV.	Le Petit Pompier	35
XV.	Lettre de l'Enfant Jésus à Maurice	37

		Pages
XVI.	Au bord de la grève.....................	39
XVII.	Jean et Simon...........................	41
XVIII.	Le Papillon.............................	43
XIX.	Le Bal d'enfants........................	45
XX.	Le Nid vide.............................	48
XXI.	Les Pleurs de Juliette..................	50
XXII.	Le Cornet de papier gris................	52
XXIII.	La Peur du Loup.........................	55
XXIV.	Le Prince et le Paralytique (légende)...	57
XXV.	Vive le Roi!............................	60
XXVI.	La Boule verte..........................	62
XXVII.	Maître Guy..............................	64
XXVIII.	Les Gluaux.............................	66
XXIX.	Le Nain de la Reine (conte de la Grande Sœur)....	68
XXX.	Les Deux Anges..........................	71
XXXI.	Soldat de l'Empereur....................	72
XXXII.	La meilleure part.......................	75
XXXIII.	Les Yeux de la peur....................	77
XXXIV.	La Poule et les Poussins................	79
XXXV.	Le Petit bon Jésus......................	81
XXXVI.	Sous un buisson fleuri..................	83

DEUXIÈME PARTIE

I.	L'Enfant au Ciel........................	87
II.	Petit et Grand..........................	89
III.	L'Epine blanche.........................	91
IV.	Le Frère et la Sœur.....................	92
V.	Le Dortoir..............................	95
VI.	Les Moucherons..........................	97

		Pages
VII.	La Bourse perdue..................................	99
VIII.	Le Marais..	102
IX.	L'Habit de velours	103
X.	Les Deux Coupables	106
XI.	La Source..	107
XII.	Le Collier de corail...............................	109
XIII.	Le Mal que l'on voit faire......................	112
XIV.	Le Nouveau-Né.....................................	114
XV.	Les Perce-Neige (légende)......................	116
XVI.	La Patte de velours...............................	119
XVII.	Le Prix..	121
XVIII.	L'Affreux Mendiant...............................	123
XIX.	Maurice et Zéphire................................	125
XX.	Le Colibri..	127
XXI.	Un vrai Fusil.......................................	129
XXII.	Priez, petit enfant.................................	131
XXIII.	La Parade d'Arlequin.............................	133
XXIV.	L'Habit militaire...................................	135
XXV.	Le Bouton de rose.................................	137
XXVI.	Les Deux Ecus......................................	139
XXVII.	La Fauvette d'Isabelle............................	143
XXVIII.	La Double Prière...................................	145
XXIX.	La Plante du Japon................................	146
XXX.	Le Cerisier...	148
XXXI.	L'Echange	150
XXXII.	Le Linot...	153
XXXIII.	L'Aveugle et l'Enfant..............................	155
XXXIV.	Le Jeu de Camille..................................	157
XXXV.	La Souricière..	160
XXXVI.	Le Nid sous la Fenêtre...........................	161
XXXVII.	Les Petits Pieds nus..............................	163

TROISIÈME PARTIE

		Pages
I.	L'Abandonné	169
II.	Les Bluets	171
III.	La Querelle	173
IV.	L'Oiseau gris	175
V.	La Fileuse (légende)	177
VI.	Le Panier de violettes	180
VII.	La Barque des Pêcheurs	181
VIII.	Le Ver luisant	183
IX.	La Colombe magique	184
X.	Le Singe et le Chien	187
XI.	Le Tombeau du Grand-Père	189
XII.	La Balançoire	191
XIII.	Un Jour d'oubli	193
XIV.	Jésus et l'Enfant (légende)	195
XV.	L'Oiseau qui parle	197
XVI.	Le Prisonnier	198
XVII.	Les Deux Cailloux (légende)	200
XVIII.	Les Vrais Amis	203
XIX.	Pâques-Fleuries	205
XX.	Causerie du matin de Noël	208
XXI.	Le Jongleur chinois	210
XXII.	Les Trois Prières (légende)	212
XXIII.	Les Fleurs de l'Eau	215
XXIV.	Le Vieux Garde	217
XXV.	Les Cygnes	221
XXVI.	La Grand'Mère	223

		Pages
XXVII.	Les Dons de la Fée...................	225
XXVIII.	L'Architecte et l'Eglantine..........	227
XXIX.	Une Larme du bon Jésus (légende).....	229
XXX.	Chez Giroux..........................	231
XXXI.	Les Deux Ailes.......................	234
XXXII.	Le Hanneton..........................	236
XXXIII.	Rêve d'Enfant........................	238
XXXIV.	La Robe de Peau-d'Ane................	240
XXXV.	A un Jeune Aveugle...................	242
XXXVI.	Envoi à Maurice......................	244

FIN DE LA TABLE.

www.ingramcontent.com/pod-product-compliance
Lightning Source LLC
Chambersburg PA
CBHW070628170426
43200CB00010B/1944